全国职业院校汽车类专业工作手册式新形态教材

附微课视频

车辆养护与保养

中德诺浩（北京）教育科技股份有限公司 / 组编
吕丕华 / 主编

大连理工大学出版社

内容简介

本书是全国职业院校汽车类专业工作手册式新形态教材。全书分为十二个任务，包括保养接车流程及环车检查、车辆保养前的检查、四轮换位与底盘检查、发动机润滑油与变速器齿轮油的更换、发动机传动带的更换、发动机供给系统的检查与清洗、发动机冷却液的更换、自动变速器油的更换、制动液的更换、制动片的更换、车辆灯光的检查与调整、保养质量检查等内容。

本书可作为全国职业院校汽车类专业的教学用书，也可作为汽车售后服务企业相关技术人员与社会人士的培训参考用书。

本套教材由吕丕华主编，本书由许智达负责编写。

图书在版编目(CIP)数据

车辆养护与保养 / 中德诺浩（北京）教育科技股份有限公司组编. -- 大连 : 大连理工大学出版社, 2024.9
ISBN 978-7-5685-5002-4

Ⅰ. ①车… Ⅱ. ①中… Ⅲ. ①汽车—车辆保养—教材 Ⅳ. ①U472

中国国家版本馆CIP数据核字(2024)第109540号

大连理工大学出版社出版
地址：大连市软件园路80号　邮政编码：116023
发行：0411-84708842　邮购：0411-84708943　传真：0411-84701466
E-mail：dutp@dutp.cn　URL：https://www.dutp.cn

大连天骄彩色印刷有限公司印刷　大连理工大学出版社发行

幅面尺寸：210mm×285mm　印张：6.5　字数：182千字
2024年9月第1版　2024年9月第1次印刷

责任编辑：唐　爽　责任校对：刘　芸
封面设计：张　莹

ISBN 978-7-5685-5002-4　定　价：30.80元

本书如有印装质量问题，请与我社发行部联系更换。

序

当前，我国处于由制造大国向制造强国、由人力资源大国向人力资源强国发展的重要时期，党和国家为此制定了一系列科教兴国、人才强国的战略措施。

在人才队伍中，工作在生产一线的技能型人才是重要基础。高素质技能型人才队伍是推动经济社会发展的重要保障，职业教育是培养高素质技能型人才的主要渠道。尽管世界各国国情不同，发展职业教育的条件、政策和具体措施各异，但无论是发达国家还是新兴工业化国家，都非常重视职业教育在培养高素质技能型人才中发挥的重要作用，把发展职业教育作为人力资源开发、振兴经济、增强国力的战略选择。

德国的职业教育水平处于世界领先地位。德国经济在世界金融危机中能依然稳健发展，与其因职业教育发达而拥有大量的高素质技能型人才是分不开的。完备的法律制度和各方面的高度重视，为德国的职业教育发展提供了有力保障。德国的双元制职业教育制度将劳动人事制度与教育制度有机地结合在一起。学校和企业都是培养人才的主体，并承担相应责任，学校和企业的教学计划、形式和内容虽各有侧重，但又相互联系，且均以工作任务为教学载体，将技能学习和训练、理论学习和运用有机结合，充分发挥学生在教学中的主体作用，着力培养学生承担社会责任的能力、独立发现和解决问题的能力，以及在实践中自主学习的能力。

改革开放以来，我国在借鉴国外先进职业教育经验方面取得了可喜成就。我国职业教育的对外交流与合作就是从借鉴和学习德国经验开始的，中德诺浩（北京）教育科技股份有限公司为此做了积极而有效的探索。

长期以来，该公司致力于引进德国的汽车职业教育资源，与德国手工业协会合作，在国内与以德国品牌为主的汽车合资企业和各类职业院校共同开展教育工作。经过多年的探索，结合我国国情，该公司成功引进德国汽车类专业职业教育的课程体系、教学素材和教学方法，并利用互联网手段进行了全方位本土化，在此基础上与 300 多所职业院校联手，为我国汽车维修企业培养了大批优秀人才。与此同时，该公司组织中德两国的汽车技术专家、经验丰富的维修技师和职业教育专家，共同编写了全国职业院校汽车类专业工作手册式新形态教材。这套教材以培养高技能人才为目标，内容选自实际操作，既原汁原味地吸纳了德国经验，又结合我国实际情况充实了教学内容，旨在推动我国汽车维修技能型人才的培养与世界接轨。我期待这套教材能在我国培养国际标准汽车高技能人才方面发挥重要作用，在中国由汽车大国向汽车强国迈进的征程中做出应有的贡献。

唐天标

（本序作者系第十一届全国人大常委会委员、第十一届全国人大教科文卫委员会副主任委员，中国人民解放军总政治部原副主任，上将军衔）

前言

职业教育是国民教育体系和人力资源开发的重要组成部分，肩负着培养多样化人才、传承技术技能、促进就业创业的重要职责。随着新型工业化的推进和科学技术的发展，现代职业教育体系已成为国家竞争力的重要支撑。为贯彻落实全国职业教育大会精神，推动现代职业教育高质量发展，加快构建现代职业教育体系，建设技能型社会，弘扬工匠精神，培养更多高素质技术技能人才，满足我国汽车产业迅猛发展对高端技术技能型汽车人才的需求，编者在总结多年来将德国汽车类专业职业教育中国本土化经验的基础上，编写了这套全国职业院校汽车类专业工作手册式新形态教材。

本套教材将理论基础和实践应用有机结合，在引领学生学习汽车专业知识的同时培养学生的实际操作技能，具有以下特点：

（1）以企业一线任务为引导，将理论知识与实践技能完美结合。

（2）教学任务有序化设计，从简单到复杂，循序渐进，不断深化。

（3）采用四色印刷，版面简洁清晰、主题明确、色彩清新。

（4）配有丰富的数字化教学资源，学生可通过扫描每个任务专属的二维码进行浏览和自学。

本套教材的编写充分发挥了学生的主体地位，优化了课堂设计，便于调动学生的学习积极性和主动性，还可培养学生的创新意识和创新能力。

本套教材是职业院校汽车类专业核心课程教材，也可供从事汽车研究、设计、制造、使用和维修的工程技术人员学习和参考。

尽管我们在探索教材特色方面做出了许多努力，但教材中仍可能存在一些不足，恳请广大读者批评指正，并将意见和建议反馈给我们，以便修订时改进。

编　者

目录

任务一　保养接车流程及环车检查 …… 001
任务二　车辆保养前的检查 …… 008
任务三　四轮换位与底盘检查 …… 019
任务四　发动机润滑油与变速器齿轮油的更换 …… 027
任务五　发动机传动带的更换 …… 036
任务六　发动机供给系统的检查与清洗 …… 042
任务七　发动机冷却液的更换 …… 049
任务八　自动变速器油的更换 …… 057
任务九　制动液的更换 …… 066
任务十　制动片的更换 …… 074
任务十一　车辆灯光的检查与调整 …… 085
任务十二　保养质量检查 …… 091

任务一 保养接车流程及环车检查

<table>
<tr><th colspan="6">保养接车流程及环车检查任务工单</th></tr>
<tr><td>客户信息</td><td colspan="3">姓名</td><td colspan="2">电话</td></tr>
<tr><td rowspan="2">车辆信息</td><td colspan="2">车型</td><td colspan="2">VIN</td><td>行驶里程</td></tr>
<tr><td colspan="2"></td><td colspan="2"></td><td></td></tr>
<tr><td>保养项目</td><td colspan="5">5 000 km首次保养 □　　每10 000 km或2年保养 □
每20 000 km或2年保养 □　　每60 000 km或4年保养 □
其他项目：
____
____
____________________</td></tr>
<tr><th colspan="3">车辆外观检查</th><th colspan="3">车辆内部检查</th></tr>
<tr><td>凹凸 □</td><td colspan="2" rowspan="4">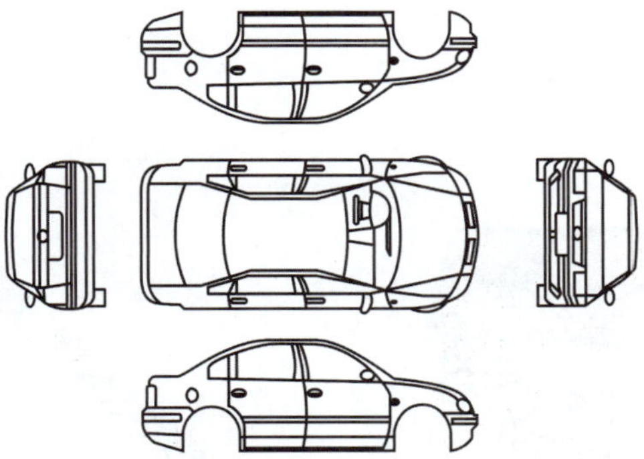</td><td>污渍 □</td><td colspan="2" rowspan="4">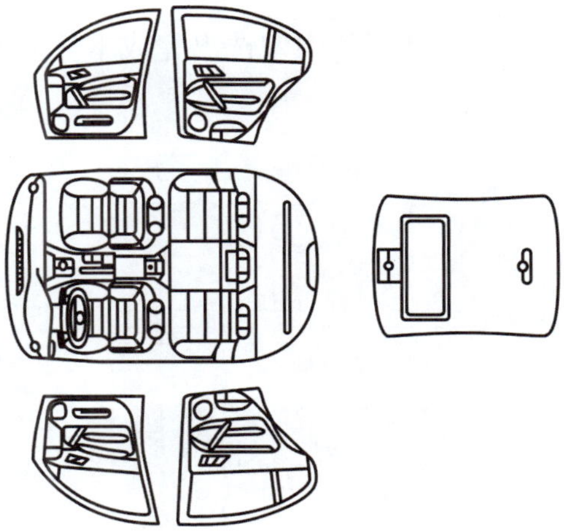</td></tr>
<tr><td>划痕 □</td><td>破损 □</td></tr>
<tr><td>石击 □</td><td>色斑 □</td></tr>
<tr><td>油漆 □</td><td>变形 □</td></tr>
<tr><td>明确具体工作任务</td><td colspan="5">____________________
____
____________________</td></tr>
</table>

任务目标

- 能够接受预约并接待客户
- 能够确认维修（保养）项目和进站日期
- 能够与客户进行沟通，确认保养项目并解答客户疑问

任务内容

- 确认客户车辆信息与保养项目内容
- 与客户沟通，确认保养项目并解答客户疑问

任务重点

- 4S店客户预约与接待流程
- 环车检查步骤及检查内容

一、知识讲解

（一）4S 店客户保养预约与接待流程

客户预约→车辆接待→确认车辆信息与保养项目→保养作业。

（二）客户接待

1. 门口相迎，礼貌问好，打开车门引导客户下车，铺设三件套。
2. 对车辆进行环车检查，填写车辆检查信息表，确认保养项目（60 000 km 保养）。

二、任务准备

在下列图片中勾选出完成本任务所需的工具、设备、资料等。

<table>
<tr><td>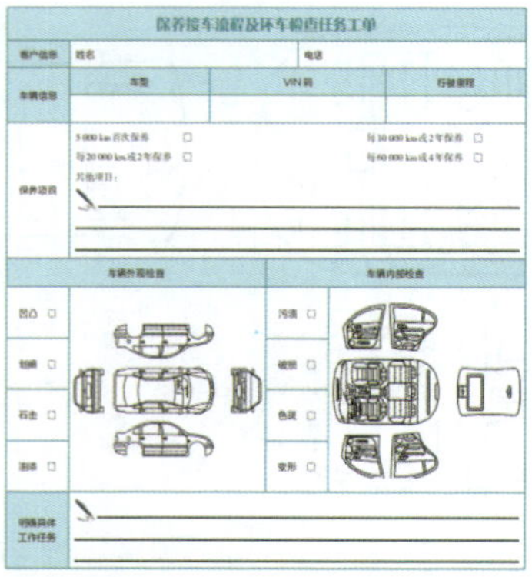
</td><td>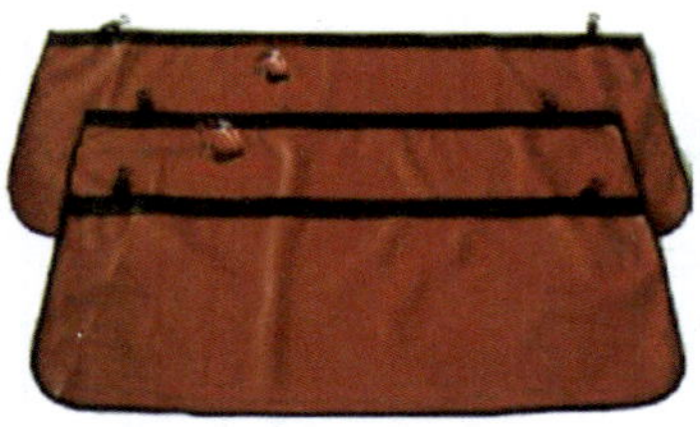</td><td></td></tr>
<tr><td>车辆检查信息表</td><td>三件套</td><td>碳素笔</td></tr>
<tr><td></td><td></td><td></td></tr>
</table>

	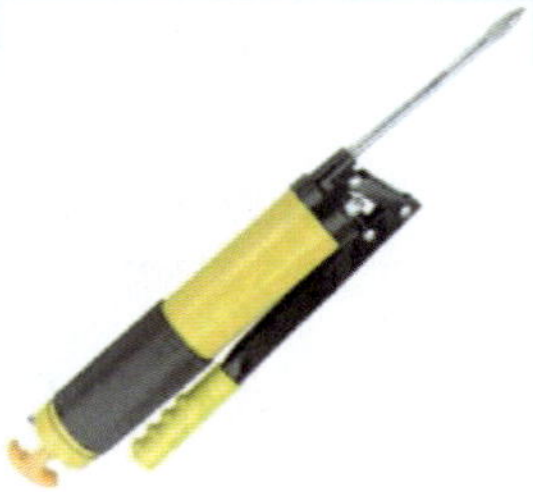	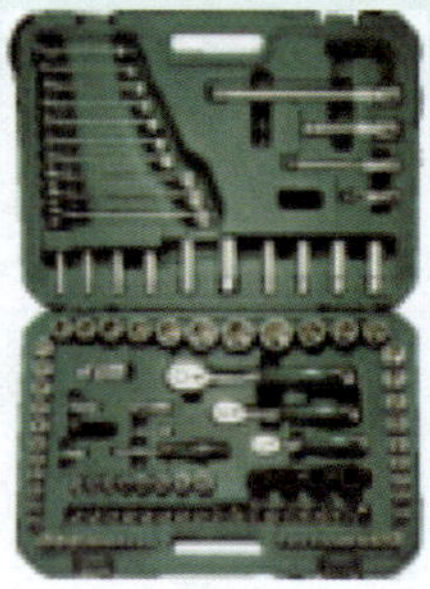
变速器油更换机	黄油枪	常用工具套装

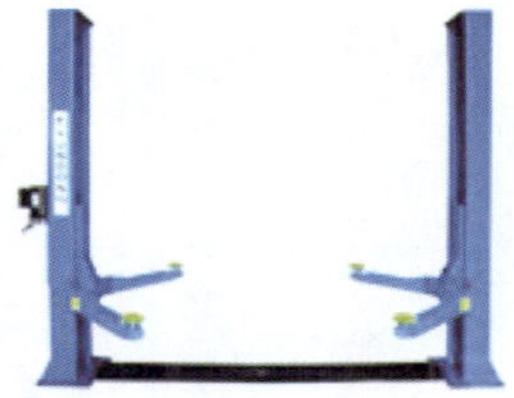		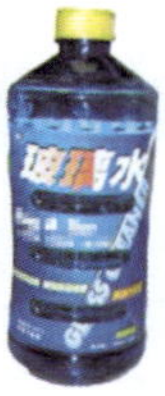	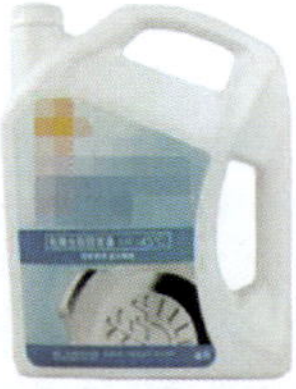
举升机	实训车辆	玻璃清洗液	冷却液

三、防护措施

1. 进入车间应穿工鞋，戴工帽；工作服应整洁，无破损；操作时不可佩戴手表等金属饰品，以防划伤车辆表面。

2. 使用举升机时，应遵守举升机安全操作规范并注意人身安全。

3. 使用变速器油更换机时，应按照设备安全规范进行操作。

观察下列操作图片，勾选出操作正确的图片。

	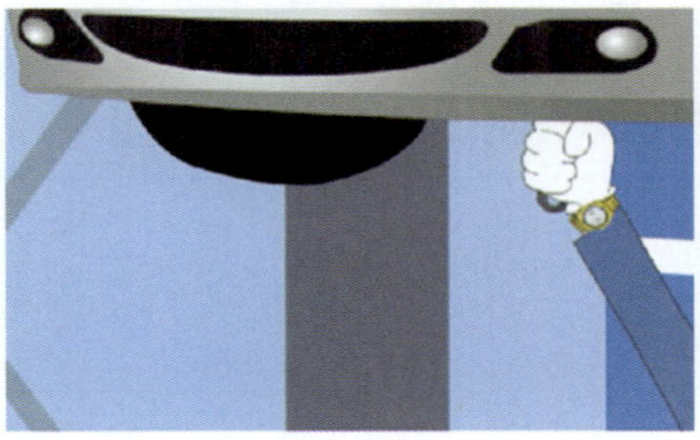	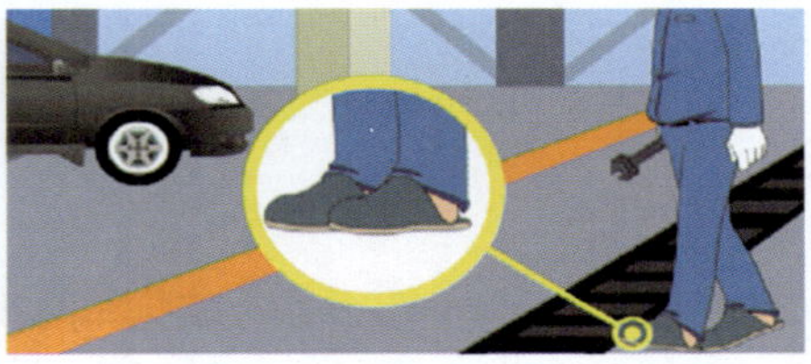

四、任务分配（表 1-1）

表 1-1　　任务分配

职务	组号	成员	姓名	工作内容
组长	1	技师A		
组员		技师B		
	2	技师C		
		技师D		
	3	技师E		
		技师F		

五、任务实施

（一）操作流程

根据任务分配，对表 1-2 中操作步骤进行排序，在表 1-3 中填写相应的检查部位。

表 1-2　　接车流程

操作人员	操作步骤	工作内容
技师A		准时接车，做好准备工作
技师B		迎接客户，确认客户维修要求
技师C、D		与客户一起进行环车检查
技师E、F		与客户确认检查结果及维修项目
技师B		估算交车时间及费用
技师C		制作工单，检查客户相应手续
技师D		解释工单并确认客户签字，询问付款方式
技师A		安排客户
技师E、F		安排车间接车

表 1-3　　环车检查部位及内容

操作人员	检查部位	检查内容
技师A		里程表、燃油存量、中控锁、电动门窗、CD机、前后刮水器、空调、组合开关、天窗等
技师B		左前车门、左前后视镜、左前翼子板、轮胎、前照灯、雾灯等
技师C、D		发动机舱盖、保险杠、散热器面罩、发动机、各种油液等
技师E、F		右雾灯、右前照灯、右前翼子板、右前后视镜、右前车门、轮胎等
技师B		右后门、门锁、门把手、右后翼子板、轮胎、门框下边梁（下坎）等
技师C		行李舱门、倒车灯、备胎、随车工具、牌照、倒车雷达等
技师D		左后门、门把手、门锁、左后翼子板、轮胎、门框下边梁（下坎）等

（二）实施记录

结合实施过程，对照表1-4、表1-5中的检查项目，填写检查结果。

表 1-4　　接车流程记录

序号	检查项目	检查结果	备注
1	是否已做好接车准备	是 □　　否 □	
2	是否与客户进行了沟通，已了解维修需求	是 □　　否 □	
3	是否与客户一起进行了环车检查	是 □　　否 □	
4	是否已与客户确认检查结果及维修项目	是 □　　否 □	
5	是否已安排客户至休息区休息	是 □　　否 □	
6	是否已把车辆交接至车间进行维修	是 □　　否 □	

表 1-5　　环车检查实施记录

来店时间：________年____月____日____时____分				交车时间：________年____月____日____时____分			
客户姓名		车牌号		车型		车辆颜色	
客户电话		行驶里程		VIN			
保险日期		驾驶证			行驶证		
维　修　项　目							
________km常规保养 □		一般维修 □		事故车 □		洗车 □	其他 □

续表

序号	维修项目	配件	工时	合计	序号	维修项目	配件	工时	合计
1					7				
2					8				
3					9				
4					10				
5					11				
6					合计				

故障描述	诊断结果

常规保养检测项目			
机油		全车传动带	
变速箱油		进气燃油	
转向助力液		润滑清洗	
冷却液		三元催化器	
制动液		轮胎	
火花塞		轮毂轴承	
蓄电池		传动轴	
玻璃清洗液		减振器	
刮水器		制动片	
全车灯光		制动油管	
空调		球头悬挂	
音响		转向器	
安全带		门锁机构	
座椅		车窗、天窗	

环车检查	油量显示
外观检查（圈出有损坏处）	油量：
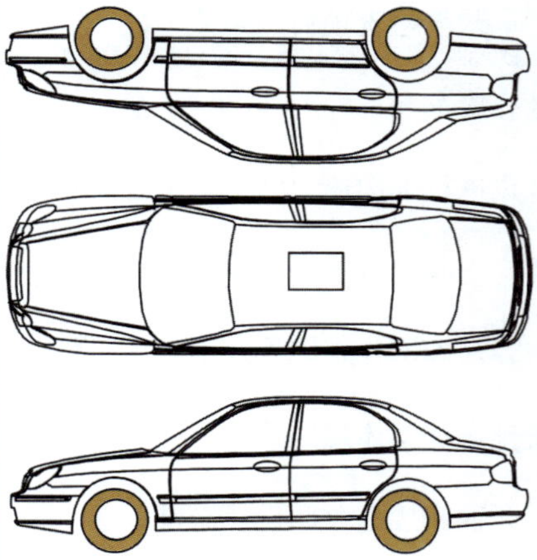	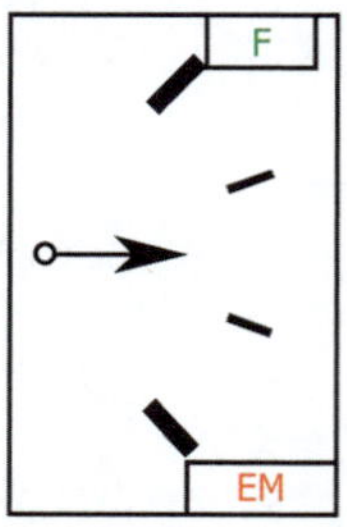

凹凸	是 □ 否 □	石击	是 □ 否 □	旧件	带走 □ 不带走 □
划痕	是 □ 否 □	油漆	是 □ 否 □	洗车	是 □ 否 □
计算机读取故障码					

维修技师签字：	服务顾问签字：	客户签字：

六、检查

（一）自检

结合本组任务操作过程，对任务执行过程中的操作规范性进行检查，检查是否存在以下问题，分析、讨论应如何避免并总结规范的操作方法（表1-6）。

表 1-6 自检

检查项目	检查结果
车辆停放位置是否合适，是否已将变速器置于空挡并拉紧驻车制动器	是 □　　否 □
是否已使用三件套对车辆进行防护	是 □　　否 □
环车检查操作步骤是否正确	是 □　　否 □
各部位检查内容是否有遗漏	是 □　　否 □
工作场地是否清洁，车辆是否复位	是 □　　否 □

（二）互检

小组之间相互进行任务操作过程及结果检查，并将检查结果填写在表1-7中。

表 1-7 互检

检查项目	检查结果
车辆停放位置是否合适，是否已将变速器置于空挡并拉紧驻车制动器	是 □　　否 □
是否已使用三件套对车辆进行防护	是 □　　否 □
环车检查操作步骤是否正确	是 □　　否 □
各部位检查内容是否有遗漏	是 □　　否 □
工作场地是否清洁，车辆是否复位	是 □　　否 □

七、课堂小结

微课动画

实操视频

任务二 车辆保养前的检查

<table>
<tr><th colspan="5">车辆保养前的检查任务工单</th></tr>
<tr><td>客户信息</td><td colspan="2">姓名</td><td colspan="2">电话</td></tr>
<tr><td rowspan="2">车辆信息</td><td>车型</td><td colspan="2">VIN</td><td>行驶里程</td></tr>
<tr><td></td><td colspan="2"></td><td></td></tr>
<tr><td>保养项目</td><td colspan="4">5 000 km首次保养 □　　每10 000 km或2年保养 □
每20 000 km或2年保养 □　　每60 000 km或4年保养 □
其他项目：
____
____
______________________________</td></tr>
<tr><th colspan="2">车辆外观检查</th><th colspan="3">车辆内部检查</th></tr>
<tr><td>凹凸 □</td><td rowspan="4">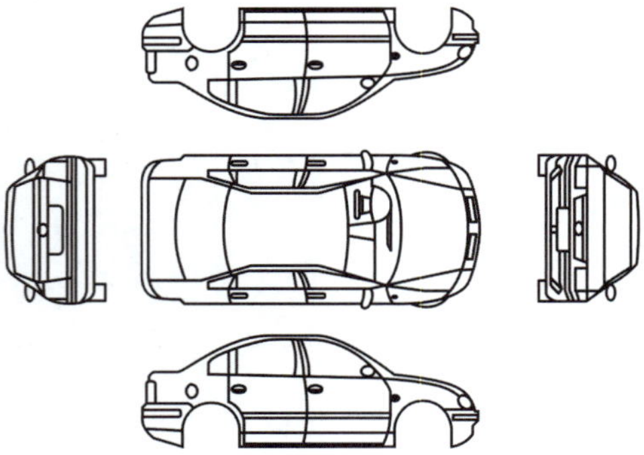</td><td>污渍 □</td><td colspan="2" rowspan="4">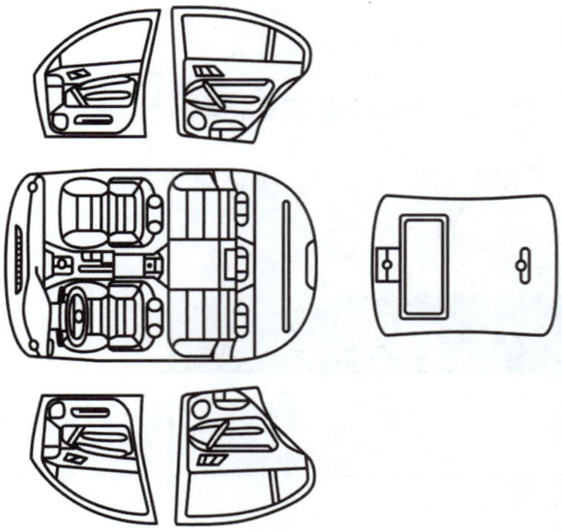</td></tr>
<tr><td>划痕 □</td><td>破损 □</td></tr>
<tr><td>石击 □</td><td>色斑 □</td></tr>
<tr><td>油漆 □</td><td>变形 □</td></tr>
<tr><td>明确具体工作任务</td><td colspan="4">______________________________
____
______________________________</td></tr>
</table>

任务目标

- 能够根据行驶里程确定保养项目内容，并制订保养工作计划
- 能够使用二人操作法完成保养前的相关检查工作
- 能够选用合适的工具对车辆相关部位进行润滑和清洁

任务内容

- 车辆保养的定义与分类
- 车辆保养流程与方法
- 车辆检查基本操作项目与流程
- 车辆润滑脂的润滑部位及润滑方法

任务重点

- 二人操作法的保养流程
- 车辆基本检查项目内容

一、知识讲解

（一）车辆保养的定义与分类

1. 车辆保养的定义

车辆保养是指定期对车辆相关部位进行检查、清洁、补给、润滑、调整或更换某些零件的预防性工作。车辆保养的目的是保持车辆车容整洁和技术状况正常，消除隐患，预防故障发生，减缓车辆损耗、老化过程，延长车辆的使用寿命。

2. 车辆保养的分类

（1）首次保养

车辆在购买后的第一次保养称为首次保养。首次保养的主要目的是对新车磨合期过程中产生的磨料进行清洁，对装配间隙进行检查、润滑和调整，保证车辆在磨合期过后的使用性能和整车质量。大众车系车辆首次保养里程为5 000 km或7 500 km。

（2）定期保养

车辆在首次保养过后的使用过程中，根据零配件的使用寿命，规定其在某个保养周期内进行更换或检查，例如，前照灯灯光光束应在首次10 000 km 及之后每10 000 km进行一次检查，火花塞应在首次20 000 km 及之后每20 000 km 更换一次。所以车辆保养应根据车辆的行驶里程或年限进行界定。不同行驶里程和年限的车辆在保养周期内的保养内容各不相同，具体可查询车辆保养手册。

（二）车辆保养的流程与方法

1. 车辆保养的流程

车辆保养工作可分为4个阶段：首先将车辆行驶至工位，进行车外与车内检查；其次检查发动机舱并对车门门锁和铰链进行润滑；然后对车辆进行四轮换位和底盘检查；最后进行油品检查与更换。

2. 二人操作法

二人操作法是为了快速、准确地完成车辆保养工作所制订的一套由两名技师配合完成的车辆保养流程。操作流程的每一步都明确了两名技师各自的工作内容及工作要求。

（三）车辆检查基本操作项目

1. 车辆外部灯光检查

（1）车辆外部灯光检查项目

车辆外部灯光检查包括对车辆前部灯光和后部灯光的检查。

车辆前部灯光主要包括远光灯、近光灯、雾灯、示宽灯、驻车灯、转向灯和安全警告灯。

车辆后部灯光主要包括制动灯、倒车灯、雾灯、示宽灯、驻车灯、转向灯和安全警告灯。

（2）车辆外部灯光检查方法

检查车辆外部灯光时，需技师A、B使用双人手势完成检查，即检查灯光的技师A站在车外，通过手势告知驾驶室内的技师B打开相应的车灯。具体手势如下：

①车辆前部灯光检查

检查左前驻车灯：右手手臂平伸，掌心向前，手掌弯曲，右手五指并拢并指向车辆左前驻车灯位置（图2-1）。

检查右前驻车灯：左手手臂平伸，掌心向前，手掌弯曲，左手五指并拢并指向车辆右前驻车灯位置（图2-2）。

图 2-1　检查左前驻车灯

图 2-2　检查右前驻车灯

检查前示宽灯：双手手臂平伸，掌心向前，手掌弯曲，双手五指并拢并指向车辆前示宽灯位置（图2-3）。

检查近光灯：双手手臂与身体垂直向前平伸，手掌掌心向下，并斜向下指向车辆前照灯部位（图2-4）。

图 2-3　检查前示宽灯

图 2-4　检查近光灯

检查远光灯：双手手臂与身体垂直向前平伸，肘部弯曲向上，掌心向后（图2-5）。

检查前雾灯：双手手臂向前平伸，双手握拳，大拇指与其他四指垂直并指向地面（图2-6）。

图 2–5 检查远光灯

图 2–6 检查前雾灯

检查左前转向灯：右手手臂向右平伸，手掌向下，大拇指与四指捏合，示意闪烁（图2-7）。

检查右前转向灯：左手手臂向左平伸，手掌向下，大拇指与四指捏合，示意闪烁（图2-8）。

图 2–7 检查左前转向灯

图 2–8 检查右前转向灯

检查前安全警告灯：双手手臂向两侧平伸，手掌向下，大拇指与四指捏合，示意闪烁（图2-9）。

图 2–9 检查前安全警告灯

②车辆后部灯光检查

检查右后驻车灯：右手手臂平伸，掌心向前，手掌弯曲，右手五指并拢并指向车辆右后驻车灯位置（图2-10）。

检查左后驻车灯：左手手臂平伸，掌心向前，手掌弯曲，左手五指并拢并指向车辆左后驻车灯位置（图2-11）。

图 2-10　检查右后驻车灯

图 2-11　检查左后驻车灯

检查后示宽灯：双手手臂平伸，掌心向前，手掌弯曲，双手五指并拢并指向车辆后示宽灯位置（图2-12）。

检查倒车灯：双手手臂与身体垂直向前平伸，肘部弯曲向上，掌心向后（图2-13）。

图 2-12　检查后示宽灯

图 2-13　检查倒车灯

检查左后转向灯：左手手臂向左平伸，手掌向下，大拇指与四指捏合，示意闪烁（图2-14）。

检查右后转向灯：右手手臂向右平伸，手掌向下，大拇指与四指捏合，示意闪烁（图2-15）。

图 2-14　检查左后转向灯

图 2-15　检查右后转向灯

检查制动灯：双手手臂向前下方伸出，手掌掌心向下，五指并拢并指向前方（图2-16）。

检查后安全警告灯：双手手臂向两侧平伸，手掌向下，大拇指与四指捏合，示意闪烁（图2-17）。

图 2-16 检查制动灯

图 2-17 检查后安全警告灯

检查后雾灯：双手手臂向前平伸，双手握拳，大拇指与其他四指垂直并指向地面（图2-18）。

图 2-18 检查后雾灯

2. 车辆外部检查

车辆外部检查主要检查车辆表面有无划痕、凹陷，车窗玻璃有无破损、裂纹等；另外，还要检查所有门锁、车门手柄的开启是否到位，并对其铰链连接、限位器、车门锁等部位进行润滑。

3. 车辆内部检查

车辆内部检查包括车辆内部灯光、电器及附件检查。内部灯光、电器检查主要检查内部照明灯、音响设备、空调开关、鼓风机、点烟器等设备是否正常；附件检查主要检查安全带收紧、安全带高度调节、座椅调节、转向盘调节、天窗开启等是否正常。

4. 发动机舱舱内检查

发动机舱舱内检查主要包括油液检查与其他项目检查。油液检查主要包括发动机润滑油（机油）、制动液、转向助力油和发动机冷却液的检查，主要检查油液液位及质量，必要时添加或更换；另外，还应检查玻璃清洗液并询问车主是否需要添加。检查发动机机油完毕后，应将发动机机油加注口与机油尺取下并擦拭干净，然后将其放入配件车内。

发动机舱舱内其他项目检查主要包括发动机空气滤清器检查及蓄电池电压检查等。

（四）车辆检查基本操作流程

为提高工作效率，保养过程中需采用二人操作法优化流程，合理分工，从而快速、高效地完成相关项目内容。

下面以基本检查为例，介绍二人操作法的基本流程。

技师A准备相关配件及用品，技师B上车检查车辆各踏板、转向盘、后视镜、中控锁及玻璃升降等基本功能是否正常。

技师A完成准备工作后，将诊断设备交给技师B，然后打开行李舱检查行李舱照明、备胎情况，以及随车工具是否正常；技师B则继续在车辆内部检查刮水器、前照灯清洗功能是否正常，并使用诊断设备检查车辆相关控制系统有无故障码。

车辆内部基本功能与行李舱检查结束后，技师A与技师B相互配合，使用手势法进行车辆外部灯光检查；检查结束后，技师B在车内打开发动机舱盖开关，并继续检查车内灯光及电器工作是否良好，然后技师A打开发动机舱盖并对发动机舱进行检查。

技师B完成车内灯光及电器检查后，下车检查各车门铰链、限位器及门锁，必要时使用黄油枪加注润滑脂进行润滑；技师A在完成发动机舱检查后，对全车车身表面及车窗玻璃进行检查，检查有无裂纹或划痕。

二、任务准备

在下列图片中勾选出完成本任务所需的工具、设备、资料等。

常用工具套装	工具车	吹尘枪

压缩空气气带	黄油枪	配件车

			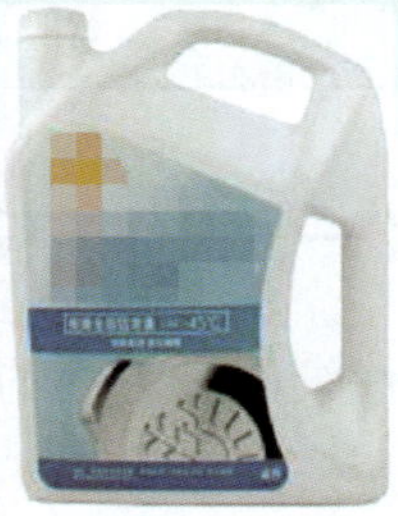
空气滤清器滤芯	润滑脂	玻璃清洗液	冷却液

三、防护措施

1. 进入车间应穿工鞋，戴工帽；工作服应整洁，无破损；操作时不可佩戴手表等金属饰品，以防划伤车辆表面。

2. 对发动机舱或冷凝器进行清洁时，应关闭点火开关，并保证散热风扇已停止运转。

3. 进行车辆灯光检查时，应佩戴干净的手套，注意不可长时间开启灯光，以免蓄电池电量过度消耗。

四、任务分配（表 2-1）

表 2-1　　任务分配

职务	组号	成员	姓名	工作内容
组长	1	技师A		
组员		技师B		
	2	技师C		
		技师D		
	3	技师E		
		技师F		

五、任务实施

（一）操作流程

仔细阅读下面的操作项目及内容，然后根据操作内容为小组成员分工（表2-2）。

表 2-2　车辆检查步骤及分工

操作人员	操作项目	操作内容
	车内检查	（1）检查制动踏板、加速踏板工作是否正常，有无卡滞、干涉 （2）检查转向盘的调节和锁止功能是否正常，并将转向盘位置还原 （3）检查车内中控锁开关功能是否正常 （4）检查玻璃升降器开关及玻璃升降功能是否正常 （5）检查后视镜调节功能是否正常 （6）检查刮水器喷水、开关各功能及前照灯清洗功能是否正常，并将刮水片停留在维修位置 （7）使用诊断仪对车辆控制系统进行诊断
	车辆外部灯光检查	（1）检查前部灯光：驻车灯、示宽灯、近光灯、远光灯、雾灯、转向灯及安全警告灯 （2）检查后部灯光：驻车灯、示宽灯、倒车灯、制动灯、雾灯、转向灯及安全警告灯 （3）检查倒车雷达信号或视频信号
	车辆内部灯光及电器检查	（1）检查仪表各指示灯是否正常，并调节仪表背景灯明暗度 （2）检查空调系统各功能是否正常，并检查出风口功能是否正常 （3）检查音响系统各功能是否正常 （4）检查各安全气囊外观和功能是否正常 （5）检查遮光板灯及顶灯是否正常 （6）检查杂物箱灯是否正常 （7）检查点烟器工作是否正常 （8）检查天窗系统工作是否正常 （9）检查安全带各功能及仪表显示是否正常 （10）检查座椅调节功能是否正常
	发动机舱内检查	（1）打开发动机舱盖并铺设翼子板布，取下发动机护罩 （2）检查蓄电池桩头安装情况及有无破损、漏液问题，并测量蓄电池电量 （3）检查制动液液位，并使用制动液检测仪检测油质是否正常 （4）检查玻璃清洗液液位，并检测其冰点 （5）检查发动机是否存在漏油问题及各管路、线路是否正常 （6）检查各橡胶件有无老化、破损问题 （7）检查冷却液液位，并检测其冰点
	车辆外部检查及铰链润滑	（1）检查车辆外观覆盖件及玻璃有无破损 （2）在各车门铰链处涂抹润滑脂 （3）在各车门门锁处涂抹润滑脂

（二）实施记录

结合实施过程，对照表2-3、表2-4中的检查项目，填写检查结果。

表 2–3　　车辆外部灯光及其他项目检查实施记录

灯光检查								
检查项目		检查结果	检查项目		检查结果	检查项目		检查结果
近光灯	左		远光灯	左		侧边转向灯	左	
	右			右			右	
转向灯	左前		示宽灯	左前		雾灯	左前	
	右前			右前			右前	
	左后			左后			左后	
	右后			右后			右后	
倒车灯	左		制动灯	左		高位制动灯		
	右			右		牌照灯		

其他项目检查				
检查项目	检查结果			
倒车雷达	探头 A		探头 B	
	探头 C		探头 D	
倒车雷达摄像头（车内观察）				
车辆外观				

表 2–4　　车辆内部检查实施记录

检查项目	检查结果	检查项目		检查结果	检查项目	检查结果
仪表灯光亮度调节		顶灯	前		杂物箱灯	
			后		行李舱灯	

检查项目	检查结果			
空调系统	出风口模式		循环模式	
	出风口温度		A/C	
音箱系统	CD 机		音量调节	
	收音机		其他按键	
刮水器	挡位检查		喷水功能	
喇叭	高音		低音	
其他部位				

六、检查

（一）自检

结合本组任务操作过程，对任务执行过程中的操作规范性进行检查，检查是否存在以下问题，分析、讨论应如何避免并总结规范的操作方法（表2-5）。

表 2–5　自检

检查项目	检查结果
检查项目有无遗漏	是 □　否 □
检查结果描述是否正确	是 □　否 □
检查手势是否正确	是 □　否 □
车辆防护是否到位	是 □　否 □

（二）互检

小组之间相互进行任务操作过程及结果检查，并把检查结果填写在表2-6中。

表 2–6　互检

检查项目	检查结果
检查项目有无遗漏	是 □　否 □
检查结果描述是否正确	是 □　否 □
检查手势是否正确	是 □　否 □
车辆防护是否到位	是 □　否 □

七、课堂小结

微课动画　实操视频

任务三 四轮换位与底盘检查

<table>
<tr><th colspan="6">四轮换位与底盘检查任务工单</th></tr>
<tr><td>客户信息</td><td colspan="3">姓名</td><td colspan="2">电话</td></tr>
<tr><td rowspan="2">车辆信息</td><td colspan="2">车型</td><td colspan="2">VIN</td><td>行驶里程</td></tr>
<tr><td colspan="2"></td><td colspan="2"></td><td></td></tr>
<tr><td>保养项目</td><td colspan="5">5 000 km首次保养 □　　每10 000 km或2年保养□
每20 000 km或2年保养□　　每60 000 km或4年保养□
其他项目：
______
______
______</td></tr>
<tr><th colspan="3">车辆外观检查</th><th colspan="3">车辆内部检查</th></tr>
<tr><td>凹凸 □</td><td colspan="2" rowspan="4">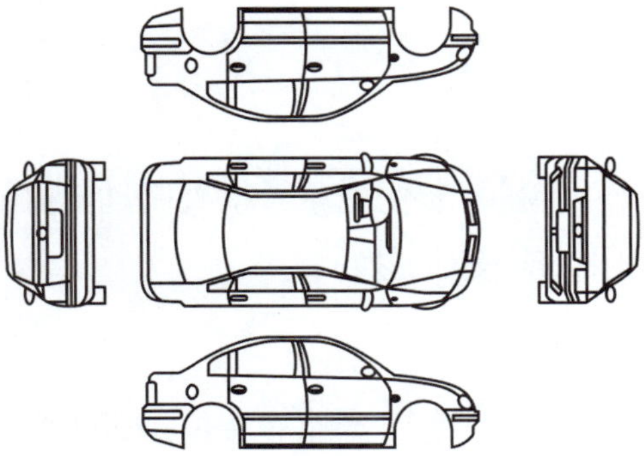</td><td>污渍 □</td><td colspan="2" rowspan="4">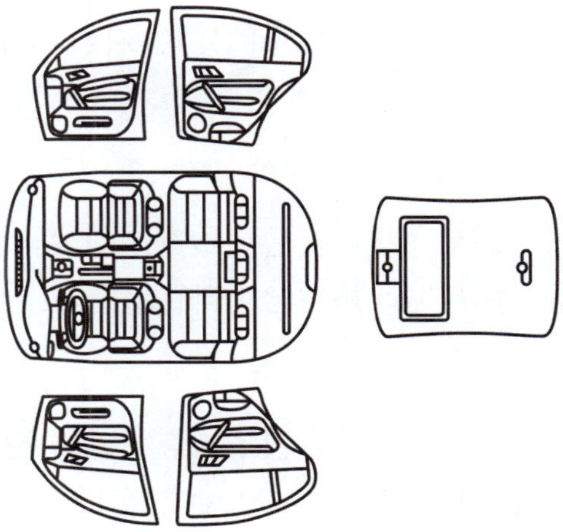</td></tr>
<tr><td>划痕 □</td><td>破损 □</td></tr>
<tr><td>石击 □</td><td>色斑 □</td></tr>
<tr><td>油漆 □</td><td>变形 □</td></tr>
<tr><td>明确具体工作任务</td><td colspan="5">______
______
______</td></tr>
</table>

任务目标

- 能够使用二人操作法完成四轮换位工作
- 能够使用二人操作法完成底盘检查工作

任务内容

- 四轮换位的目的与操作内容
- 二人操作法的基本流程
- 底盘各系统的检查内容与方法
- 底盘检查时的安全注意事项

任务重点

- 车辆四轮换位的目的
- 车辆底盘检查项目内容

一、知识讲解

（一）汽车四轮换位的目的

为了消除车辆在正常行驶过程中4个车轮的定位参数和车轮磨损位置不同对轮胎产生的偏磨现象，在每次保养时，必须对轮胎进行前后左右交替更换。

（二）汽车底盘检查

1. 行驶系统检查

行驶系统检查包括检查车轮轴承有无松旷，轮胎气压与轮胎磨损是否正常；检查车轮轮胎花纹深度并清除轮胎花纹里的异物；检查减振器有无油液泄漏，下摆臂球头销有无松旷；检查并紧固下摆臂和平衡杆固定螺栓。

2. 制动系统检查

制动系统检查包括检查制动油管有无变形、破损、泄漏、老化现象；检查制动轮缸有无泄漏；检查摩擦片厚度是否已达到使用极限，若已达到使用极限，应及时更换。

3. 传动系统检查

传动系统检查包括检查变速器壳体有无渗漏和机械损伤，变速器油液液位是否正常，主减速器及半轴油封有无泄漏，半轴有无明显机械损伤；检查万向节防尘罩有无破损、油液泄漏现象，万向节是否松旷。

4. 转向系统检查

转向系统检查包括检查液压助力转向系统的转向器有无油液泄漏现象，表面有无机械损伤；检查转向拉杆有无弯曲变形，转向拉杆球头有无松旷等。

5. 其他系统检查

其他系统检查包括检查发动机曲轴箱有无机械损伤和油液泄漏现象；检查发动机支撑块橡胶有无老化现象；检查发动机排气管有无锈蚀、破损，排气管固定是否牢固；用手晃动排气管中段，检查三元催化器内部催化剂有无碎裂；使用扭力扳手检查副车架固定螺栓的紧固力矩，检查底盘装甲有无破损。

（三）二人操作法的基本流程

二人操作法需要技师A、B协同工作完成工作内容。

技师A使用胎压表检查4个车轮轮胎气压是否正常，必要时进行补气或放气；技师B负责将4个车轮固定螺栓拧松，然后松开驻车制动器。技师A在轮胎压力检查完毕后，站在举升机操作台位置，等待技师B支撑车辆。

技师B将举升臂或垫块放在车辆支撑点部位下方，然后示意技师A举升车辆；技师A操作举升机，将车辆举升至车轮离地，然后停止；技师B确认支撑牢固后，示意技师A举升车辆至合适位置。

技师A与技师B分别负责左右两侧车轮的轮胎花纹和磨损检查，在清除异物后将车轮拆下，并按顺序放置到轮胎架上，然后检查制动器摩擦片厚度是否已达到使用极限，必要时进行更换。检查完毕后，将车轮换位并安装回车辆上。

技师A继续举升车辆至合适位置后，与技师B分工检查底盘的其他部位是否正常。检查完毕后，技师A将车辆落回地面，然后技师B对车轮固定螺栓进行紧固，技师A负责整理工具并清理现场。

二、任务准备

在下列图片中勾选出完成本任务所需的工具、设备、资料等。

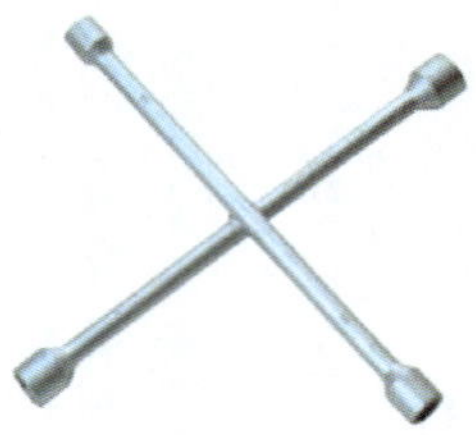			
轮胎扳手	工具车	齿轮油加注机	扭力扳手

	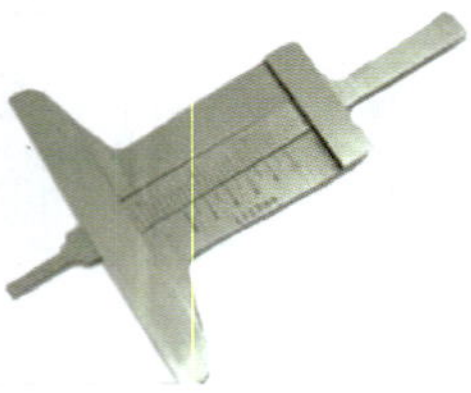		
常用工具套装	轮胎花纹深度尺	轮胎气压表	配件车

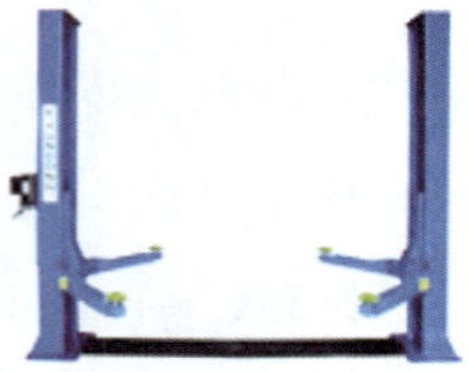		
举升机	空气压缩机	轮胎架

	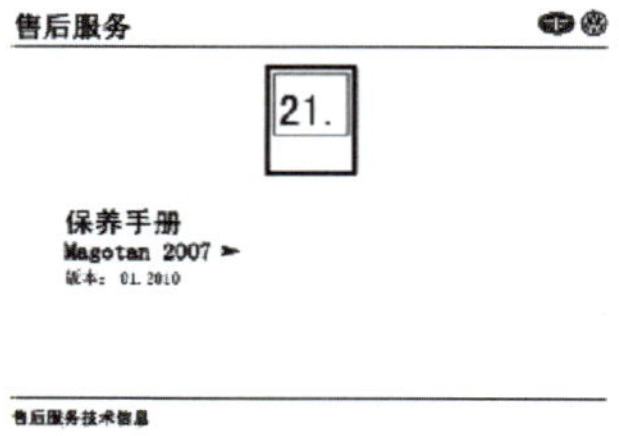 售后服务 21. 保养手册 Magotan 2007 版本：01.2010 售后服务技术信息	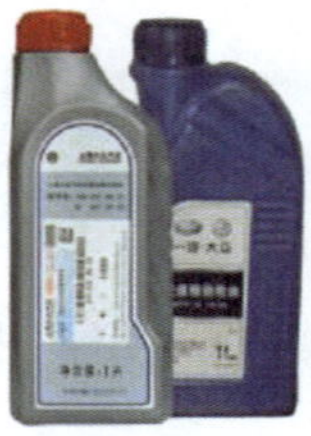
实训车辆	保养手册	变速器油

三、防护措施

1. 进入车间应穿工鞋，戴工帽；工作服应整洁，无破损；操作时不可佩戴手表等金属饰品，以防划伤车辆表面。

2. 操作举升机时，应遵守举升机安全操作规范并注意人身安全。

3. 在进行底盘检查时，应注意人身安全。

四、任务分配（表 3-1）

表 3-1 任务分配

职务	组号	成员	姓名	工作内容
组长	1	技师A		
组员		技师B		
	2	技师C		
		技师D		
	3	技师E		
		技师F		

五、任务实施

（一）操作流程

仔细阅读下面的操作项目及内容，然后根据操作内容为小组成员分工（表3-2）。

表 3-2 四轮换位与底盘检查步骤及分工

操作人员	操作项目	操作内容
	举升车辆	（1）将举升机举升臂支撑在车辆下方的支撑处 （2）举升车辆至车轮离地面约20 cm （3）确认举升机支撑已牢固 （4）继续举升车辆至合适位置
	检查轮胎及车辆后部底盘	（1）检查后保险杠安装是否牢固，有无破损、刮蹭 （2）检查备胎槽底部有无刮蹭、损伤 （3）检查轮胎气压及胎面状况 （4）检查悬架系统是否正常 （5）检查制动钳及油管是否正常 （6）检查线路和传感器是否完好、牢固 （7）检查减振器是否漏油 （8）检查排气管有无锈蚀、渗漏及悬吊吊耳固定是否牢固 （9）检查排气管接口有无漏气、破损

续表

操作人员	操作项目	操作内容
	检查发动机舱底部及车辆前部底盘	（1）拆卸发动机护板 （2）检查散热器有无渗漏问题 （3）检查发动机底部有无渗漏问题 （4）检查前桥螺栓紧固标记是否正常，必要时使用扭力扳手紧固 （5）检查变速器及半轴有无漏油、松旷，防尘套有无老化、开裂问题 （6）检查悬架系统是否正常 （7）检查制动钳及油管是否正常
		（1）检查线路和传感器是否完好、牢固 （2）检查减振器是否漏油 （3）用手托举轮胎，检查上压力轴承是否正常 （4）检查各管路有无老化、渗漏现象 （5）检查线路及插接器有无老化、干涉现象 （6）安装发动机护板
	降下车辆，四轮换位并检查制动器磨损情况	（1）确保车外环境安全后，降下车辆 （2）扳动左右前轮胎，检查轴承是否松旷 （3）拆卸前轮胎固定螺栓，取下轮胎并放置在轮胎架上，检查前轮制动片厚度 （4）拆卸后轮胎固定螺栓，取下轮胎并放置在轮胎架上，检查后轮制动片厚度 （5）将左后轮胎安装至右前轮位置，右后轮胎安装至左前轮位置，并安装固定螺栓 （6）将左前轮胎安装至左后轮位置，右前轮胎安装至右后轮位置，并安装固定螺栓 （7）使用扭力扳手紧固两侧车轮固定螺栓，紧固力矩为120 N·m，安装轮胎螺栓装饰盖

（二）实施记录

结合实施过程，对照表3-3中的检查项目，填写检查结果。

表 3–3　　底盘检查实施记录

系统名称	检查项目	检查结果	采取措施
传动系统	发动机、变速器壳体	正常□　泄漏□	
	半轴油封	正常□　泄漏□	
	万向节	正常□　防尘套破裂□　松旷□	
	离合器自由行程	正常□　需调整□	
转向系统	转向器	正常□　泄漏□	
	转向拉杆	良好□　锁紧螺母松旷□　弯曲□	
	拉杆球头	良好□　松旷□	

续表

<table>
<tr><th>系统名称</th><th colspan="2">检查项目</th><th colspan="2">检查结果</th><th>采取措施</th></tr>
<tr><td rowspan="11">行驶系统</td><td rowspan="4">轮胎</td><td>胎面</td><td colspan="2">正常□ 裂纹、划痕□ 异物刺入□</td><td></td></tr>
<tr><td rowspan="2">胎压</td><td>标准值</td><td>检查值</td><td></td></tr>
<tr><td>________ MPa</td><td>________ MPa</td><td></td></tr>
<tr><td>磨损</td><td colspan="2">正常□ 偏磨□ 到达使用极限□</td><td></td></tr>
<tr><td colspan="2">悬架阻尼器</td><td colspan="2">正常□ 泄漏□ 防尘套破裂□</td><td></td></tr>
<tr><td rowspan="6">紧固力矩</td><td>项目</td><td>标准值</td><td>检查值</td><td></td></tr>
<tr><td>下支臂</td><td>________ N·m</td><td>________ N·m</td><td></td></tr>
<tr><td>副车架</td><td>________ N·m</td><td>________ N·m</td><td></td></tr>
<tr><td>平衡杆</td><td>________ N·m</td><td>________ N·m</td><td></td></tr>
<tr><td>后支撑桥</td><td>________ N·m</td><td>________ N·m</td><td></td></tr>
<tr><td>车轮</td><td>________ N·m</td><td>________ N·m</td><td></td></tr>
<tr><td rowspan="5">制动系统</td><td colspan="2">制动管路及制动轮缸</td><td colspan="2">良好□ 泄漏□ 破裂变形□</td><td></td></tr>
<tr><td rowspan="3">制动摩擦片厚度</td><td>项目</td><td>磨损极限厚度</td><td>剩余厚度</td><td></td></tr>
<tr><td>前轮</td><td>________ mm</td><td>__________ mm</td><td></td></tr>
<tr><td>后轮</td><td>________ mm</td><td>__________ mm</td><td></td></tr>
<tr><td colspan="2">驻车制动器</td><td colspan="2">正常□ 松懈□</td><td></td></tr>
<tr><td rowspan="6">其他系统</td><td colspan="2">发动机支撑</td><td colspan="2">正常□ 橡胶老化□</td><td></td></tr>
<tr><td rowspan="3">排气系统</td><td>排气管及消音器</td><td colspan="2">正常□ 锈蚀、破损□</td><td></td></tr>
<tr><td>三元催化器</td><td colspan="2">正常□ 损坏□</td><td></td></tr>
<tr><td>排气管吊耳</td><td colspan="2">正常□ 脱落□ 老化□</td><td></td></tr>
<tr><td rowspan="2">燃油系统</td><td>燃油管路</td><td colspan="2">正常□ 泄漏□</td><td></td></tr>
<tr><td>燃油箱</td><td colspan="2">正常□ 松动□ 裂纹□</td><td></td></tr>
</table>

六、检查

（一）自检

结合本组任务操作过程，对任务执行过程中的操作规范性进行检查，检查是否存在以下问题，分析、讨论应如何避免并总结规范的操作方法（表3-4）。

表 3–4　　自检

检查项目	检查结果
检查项目有无遗漏	是 □　　否 □
车辆防护是否到位	是 □　　否 □
各螺栓紧固力矩是否正确	是 □　　否 □

（二）互检

小组之间相互进行任务操作过程及结果检查，并把检查结果填写在表3-5 中。

表 3–5　　互检

检查项目	检查结果
检查项目有无遗漏	是 □　　否 □
车辆防护是否到位	是 □　　否 □
各螺栓紧固力矩是否正确	是 □　　否 □

七、课堂小结

微课动画　　实操视频

任务四　发动机润滑油与变速器齿轮油的更换

<table>
<tr><th colspan="4">发动机润滑油与变速器齿轮油的更换任务工单</th></tr>
<tr><td>客户信息</td><td>姓名</td><td colspan="2">职业</td></tr>
<tr><td rowspan="2">车辆信息</td><td>车型</td><td>VIN</td><td>行驶里程</td></tr>
<tr><td></td><td></td><td></td></tr>
<tr><td>保养项目</td><td colspan="3">5 000 km首次保养 □　　每10 000 km或2年保养 □
每20 000 km或2年保养 □　　每60 000 km或4年保养 □
其他项目：
____
____
____________________</td></tr>
<tr><th colspan="2">车辆外观检查</th><th colspan="2">车辆内部检查</th></tr>
<tr><td>凹凸 □
划痕 □
石击 □
油漆 □</td><td>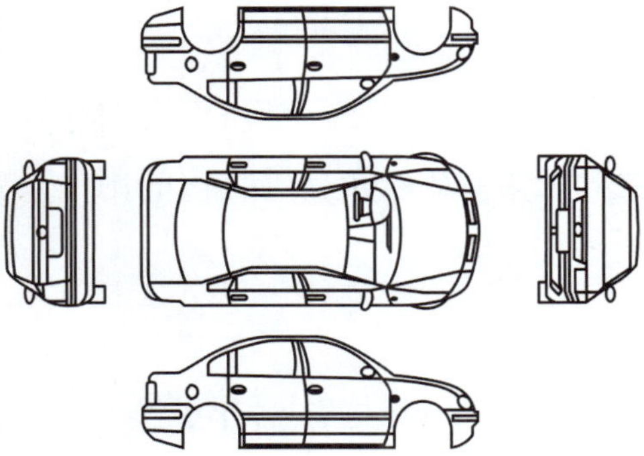</td><td>污渍 □
破损 □
色斑 □
变形 □</td><td>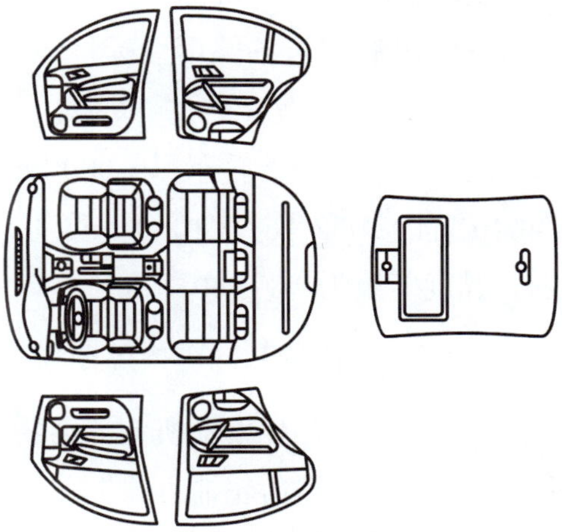</td></tr>
<tr><td>明确具体工作任务</td><td colspan="3">____________________
____
____________________</td></tr>
</table>

任务目标

- 能够完成发动机润滑油及变速器齿轮油的更换工作
- 能够完成发动机机油滤芯、燃油滤芯及空气滤芯的更换工作

任务内容

- 发动机润滑油更换周期与选择方法
- 变速器齿轮油更换周期与选择方法
- 汽车三滤的更换周期与更换方法
- 发动机润滑油与变速器齿轮油的更换方法

任务重点

- 发动机润滑油的更换周期及选择方法
- 变速器齿轮油的更换周期及选择方法
- 发动机润滑油、变速器齿轮油及汽车三滤的更换方法

一、知识讲解

（一）发动机润滑油和变速器齿轮油的更换周期与选择方法

发动机润滑油和变速器齿轮油因为经常受到摩擦挤压和高温氧化的作用，所以会被逐渐稀释和氧化；并且经常冲刷零件表面还会产生油泥和铁屑，严重影响润滑质量。因此油液每使用一定周期必须进行更换。

1. 发动机润滑油的更换周期与选择方法

发动机润滑油（机油）应严格按照生产厂商规定的行驶里程或更换周期进行更换，并选择生产厂商备件用油或与备件用油标号等级相同的润滑油。发动机润滑油可分为质量等级和黏度等级两个标准。

例如，一汽迈腾轿车每5 000 km或6个月更换一次润滑油。生产厂商备件用油标号为LN 052 167 V4040或LN 052 167 V1040，质量等级为SN，黏度等级为0W－40。可替代的用油只要质量等级为SN，黏度等级为0W－40即可。

2. 变速器齿轮油的更换周期与分类

变速器齿轮油比发动机润滑油的更换周期长，一般为每60 000 km或4年更换一次，甚至有的车型不用更换。变速器齿轮油可根据黏度和使用性能进行分类。

（1）按照黏度分类

我国齿轮油的黏度采用美国SAE齿轮油黏度分类法，按齿轮油黏度为150 Pa·s时的最高温度和100 ℃时的运动黏度，将齿轮油分为70 W、75 W、80 W、85 W、90、140和250等7个黏度牌号，见表4-1。牌号中带W的为冬季用油。另外，还规定了80 W/90、85 W/90、85 W/140等3个多级油的牌号。

表 4–1　齿轮油的黏度分类

SAE 黏度牌号	150 Pa·s 时的最高温度 /℃	100 ℃时的运动黏度 / ($mm^2 \cdot s^{-1}$)	
		最低	最高
70 W	–55	4.1	—
75 W	–40	4.1	—
80 W	–26	7.0	—
85 W	–12	11.0	—
90	—	13.5	＜24.0
140	—	24.0	＜41.0
250	—	41.0	—

（2）按照使用性能分类

目前国际上广泛采用API分类法。按齿轮承载能力和使用条件不同，将齿轮油分为GL-1、GL-2、GL-3、GL-4、GL-5和GL-6等6个级别，API齿轮油级别及适用范围见表4-2。

表 4–2　API 分类法齿轮油级别及适用范围

级别	适用范围
GL-1	对于低齿面压力、低滑动速度下运行的汽车螺旋锥齿轮、蜗轮式驱动桥及各种手动变速器，规定用 GL-1 级齿轮油
GL-2	对于汽车蜗轮式驱动桥，根据其负荷、温度和滑动速度等情况，用 GL-1 级齿轮油不能满足要求，规定用 GL-2 级齿轮油
GL-3	对于滑动速度和负荷情况比较苛刻的汽车手动变速器和螺旋锥齿轮的驱动桥，规定用 GL-3 级齿轮油，其承载能力比 GL-2 级齿轮油高，比 GL-4 级齿轮油低
GL-4	对于在低速高转矩、高速低转矩下运转的各种齿轮，特别是客车和其他车用的准双曲面齿轮，规定用 GL-4 级齿轮油
GL-5	对于在高速冲击负荷、高速低转矩、低速高转矩下运转的各种齿轮，特别是客车和其他车用的准双曲面齿轮，规定用 GL-5 级齿轮油
GL-6	对于在高速冲击条件下运转的轿车和其他车辆的各种齿轮，特别是大偏移距（偏移距大于 50 mm 或接近大齿轮直径的 25%）的双曲线齿轮，规定用 GL-6 级齿轮油

（3）我国齿轮油的分类

我国参照API分类法，将齿轮油分为普通齿轮油、中负荷齿轮油和重负荷齿轮油3个品种。我国齿轮油的适用范围和使用部位见表4-3。

表 4-3 我国齿轮油的适用范围和使用部位

我国油品	API 级别	适用范围	使用部位
普通齿轮油	GL-3	适用于中等速度和负荷情况比较苛刻的手 动变速器和螺旋锥齿轮的驱动桥	手动变速器、螺旋锥齿轮的驱动桥
中负荷齿轮油	GL-4	适用于在低速高转矩、高速低转矩下运转 的各种齿轮，特别是客车和其他车用的准双曲面齿轮	手动变速器、螺旋锥齿轮和使用条件不太苛刻的准双曲面齿轮
重负荷齿轮油	GL-5	适用于在高速冲击负荷、高速低转矩和低 速高转矩下运转的各种齿轮，特别是客车和 其他车用的准双曲面齿轮	运转条件比较苛刻的准双曲面齿轮及其他各种齿轮的驱动桥、手动变速器

（二）汽车三滤的更换周期

保养手册对汽车三滤更换周期的规定：发动机机油滤清器随发动机润滑油一同更换；发动机空气滤清器每10 000 km或1年保养周期内进行一次清洁和检查，必要时更换空气滤清器滤芯，最长在行驶20 000 km或2年后必须更换一次；发动机燃油滤清器每60 000 km或4年更换一次。

粉尘及花粉过滤器（空调滤清器）每20 000 km应进行一次外壳清洗并更换滤芯，对于行驶里程较少的车辆应每年更换一次。

（三）汽车三滤及发动机润滑油、变速器齿轮油的更换方法

1. 发动机润滑油及机油滤清器的更换方法

（1）打开机油加注口盖，拔下机油尺，将其擦拭后放入配件车。

（2）举升车辆至合适位置，然后使用扭力扳手拧松放油口螺塞，将润滑油排入废油回收机。

（3）使用机滤扳手拧下机油滤清器。

（4）安装新的机油滤清器，然后拧紧放油口螺塞。

（5）降下车辆，加注发动机润滑油并使用机油尺检查机油液位。

2. 变速器齿轮油的更换方法

（1）举升车辆至合适位置，拧下变速器齿轮油注油/检测口螺塞，检查变速器齿轮油。

（2）拧下变速器齿轮油放油口螺塞，将变速器齿轮油排入废油回收机。

（3）将油液排放干净，然后拧紧变速器齿轮油放油口螺塞。

（4）使用变速器齿轮油加注机，将新齿轮油从变速器齿轮油注油口加入。

3. 空气滤清器和燃油滤清器的更换方法

（1）空气滤清器的更换方法

①断开空气滤清器总成与进气软管的连接，取下空气滤清器总成。

②使用旋具拧下空气滤清器盖螺栓，打开空气滤清器壳体，去除滤芯。

③使用吹尘枪清洁空气滤清器壳体内部。

④将新的滤芯装入空气滤清器壳体，并将空气滤清器总成组装好。

⑤将空气滤清器总成安装回原来的位置。

（2）燃油滤清器的更换方法

①启动发动机并拔下燃油泵熔丝，使燃油泵停止运转。

②车辆熄火后，重新启动车辆两次，确保燃油系统内无压力。

③拆下车辆后排座椅，然后使用工具拆下燃油泵总成，再拆下燃油滤清器。

④安装并固定新的燃油滤清器。

⑤将燃油泵总成装回原位，并安装好后排座椅。

二、任务准备

在下列图片中勾选出完成本任务所需的工具、设备、资料等。

	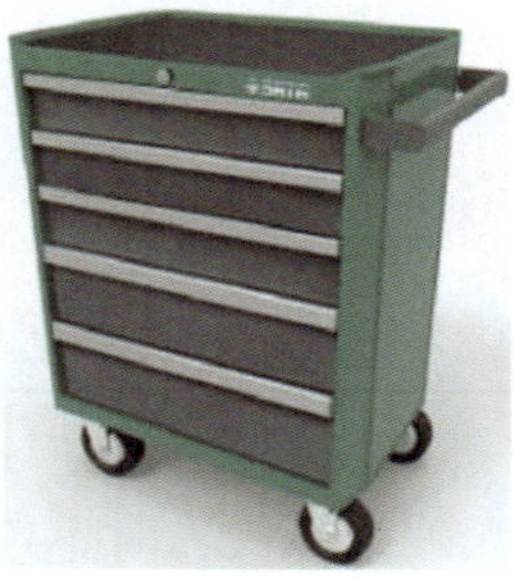		
机滤扳手	工具车	三件套	扭力扳手
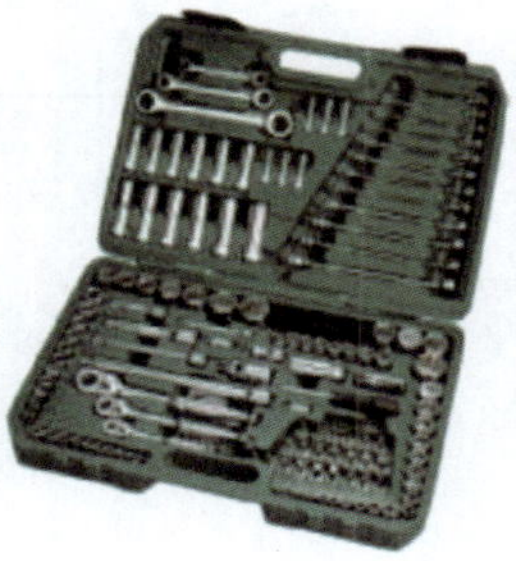			
常用工具套装	配件车	翼子板布	齿轮油加注机

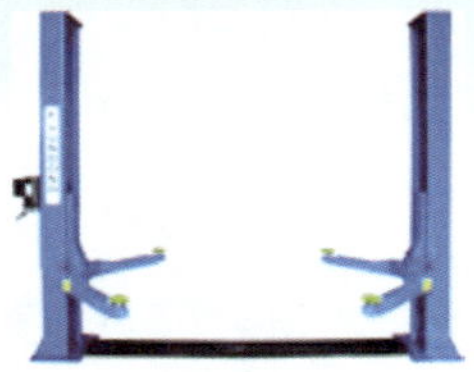		
举升机	废油回收机	发动机润滑油
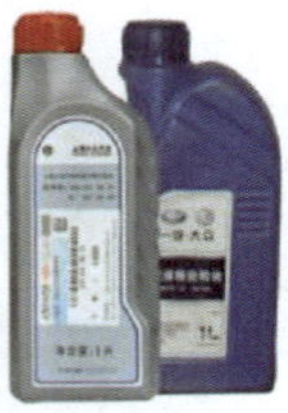	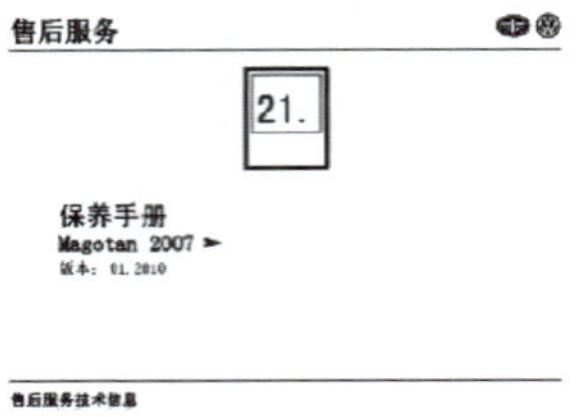	
变速器齿轮油	保养手册	实训车辆

三、防护措施

1. 进入车间应穿工鞋，戴工帽；工作服应整洁，无破损；操作时不可佩戴手表等金属饰品，以防划伤车辆表面。

2. 操作举升机时，应遵守举升机安全操作规范并注意人身安全。

四、任务分配（表 4–4）

表 4–4　　任务分配

职务	组号	成员	姓名	工作内容
组长	1	技师A		
组员		技师B		

续表

职务	组号	成员	姓名	工作内容
组员	2	技师C		
		技师D		
	3	技师E		
		技师F		

五、任务实施

（一）操作流程

仔细阅读下面的操作项目及内容，然后根据操作内容为小组成员分工（表4-5）。

表 4–5　　发动机润滑油与变速器齿轮油更换检查步骤及分工

操作人员	操作项目	操作内容
	准备工作	（1）打开发动机舱盖并铺设翼子板布 （2）拔下燃油泵熔丝并重新启动车辆两次，对燃油系统进行泄压 （3）拧下发动机机油加注口盖，拔下机油尺
	举升车辆	（1）将举升臂支撑在车辆下方的支撑处 （2）举升车辆至车轮离地面约20 cm （3）确认举升机支撑已牢固 （4）继续举升车辆至合适位置
	排放发动机机油	（1）拆下发动机下方的底盘护板 （2）将废油回收机放置在发动机下方，并拧下发动机放油口螺塞 （3）发动机机油排放完毕后，拧上发动机放油口螺塞并按标准紧固力矩将其拧紧 （4）使用抹布擦拭放油口附近的残余油液
	更换变速器齿轮油	（1）将废油回收机放置在变速器下方 （2）拧下变速器注油口螺塞 （3）拧下变速器齿轮油放油口螺塞，将变速器齿轮油排放至废油回收机中 （4）齿轮油排放干净后，将放油口螺塞按规定紧固力矩拧紧并用抹布擦拭干净 （5）使用齿轮油加注机将新齿轮油从加注口加入变速器 （6）待加注口有齿轮油溢出时，停止加注并拧紧加注口螺塞
	降下车辆	确保车外环境安全后，降下车辆

续表

操作人员	操作项目	操作内容
	更换机油滤清器并加注新润滑油	（1）使用机滤扳手拧下机油滤清器，并擦拭机油滤清器底座 （2）在新机油滤清器密封圈上涂抹新润滑油 （3）将新机油滤清器安装到机油滤清器底座上，并按规定紧固力矩将其拧紧 （4）根据保养手册要求，在发动机中加入适量的新润滑油 （5）使用机油尺检查机油液位，检查完毕后将机油尺插回
	更换发动机燃油滤清器	（1）拆下后排座椅并取下燃油泵盖板 （2）拆卸并取下燃油泵控制单元，断开燃油泵上的放油和注油管路接口 （3）使用专用工具拆下燃油泵固定挡圈 （4）取出燃油泵总成并拆下其中的燃油滤清器 （5）将新燃油滤清器安装到燃油泵总成上并将其装回 （6）固定燃油泵固定挡圈，安装燃油泵上的放油和注油管路 （7）安装燃油泵控制单元、燃油泵盖板，最后装回后排座椅

（二）实施记录

结合实施过程，对照表4-6、表4-7中的检查项目，填写检查结果。

表 4–6　　更换发动机润滑油的实施记录

发动机型号		行驶里程	
放油口螺塞紧固力矩	____N·m	润滑油牌号	
机油滤芯紧固力矩	____N·m	实际加注量	____L
燃油泵固定挡圈紧固力矩		____N·m	

表 4–7　　更换变速器齿轮油的实施记录

变速器类型		变速器型号	
齿轮油类型及牌号		实际加注量	____L
放油口螺塞紧固力矩	____N·m	注油口螺塞紧固力矩	____N·m

六、检查

（一）自检

结合本组任务操作过程，对任务执行过程中的操作规范性进行检查，检查是否存在以下问题，分析、讨论应如何避免并总结规范的操作方法（表4-8）。

表 4–8 自检

检查项目	检查结果
现场清理、恢复是否到位	是 □ 否 □
机油液位是否正常	是 □ 否 □
机油滤清器是否泄漏	是 □ 否 □
燃油滤清器是否泄漏	是 □ 否 □

（二）互检

小组之间相互进行任务操作过程及结果检查，并将检查结果填写在表4-9中。

表 4–9 互检

检查项目	检查结果
现场清理、恢复是否到位	是 □ 否 □
机油液位是否正常	是 □ 否 □
机油滤清器是否泄漏	是 □ 否 □
燃油滤清器是否泄漏	是 □ 否 □

七、课堂小结

微课动画

实操视频

任务五 发动机传动带的更换

<table>
<tr><th colspan="6">发动机传动带的更换任务工单</th></tr>
<tr><td>客户信息</td><td colspan="3">姓名</td><td colspan="2">电话</td></tr>
<tr><td rowspan="2">车辆信息</td><td colspan="2">车型</td><td colspan="2">VIN</td><td>行驶里程</td></tr>
<tr><td colspan="2"></td><td colspan="2"></td><td></td></tr>
<tr><td>保养项目</td><td colspan="5">5 000 km首次保养 □　　每10 000 km或2年保养□
每20 000 km或2年保养 □　　每60 000 km或4年保养□
其他项目：
______</td></tr>
<tr><td colspan="3">车辆外观检查</td><td colspan="3">车辆内部检查</td></tr>
<tr><td>凹凸 □</td><td colspan="2" rowspan="4">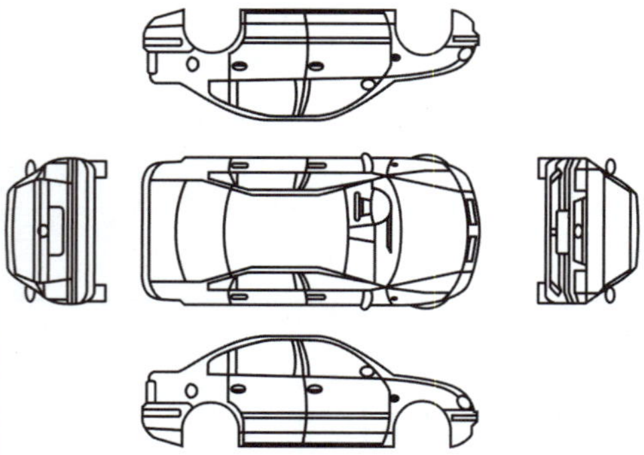</td><td>污渍 □</td><td colspan="2" rowspan="4">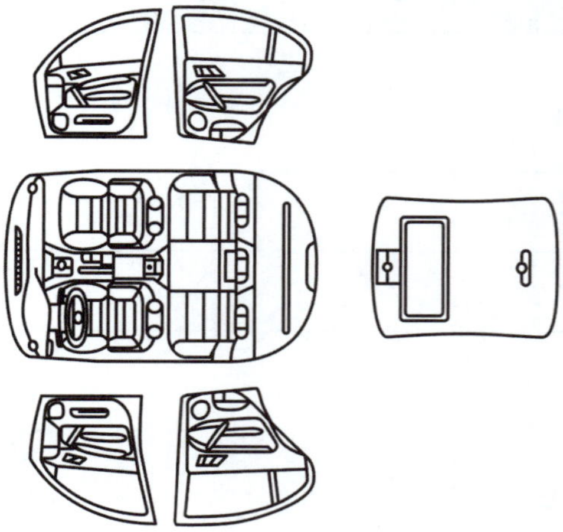</td></tr>
<tr><td>划痕 □</td><td>破损 □</td></tr>
<tr><td>石击 □</td><td>色斑 □</td></tr>
<tr><td>油漆 □</td><td>变形 □</td></tr>
<tr><td>明确具体工作任务</td><td colspan="5">______</td></tr>
</table>

任务目标

- 能够对发动机多楔带进行检查和更换
- 能够对发动机正时传动带和张紧器进行更换

任务内容

- 发动机多楔带的作用
- 发动机多楔带的检查与更换方法
- 发动机正时传动带的更换周期、检查与更换方法

任务重点

- 发动机多楔带的检查与更换方法
- 发动机正时传动带的更换周期、检查与更换方法

一、知识讲解

（一）发动机多楔带的作用、检查与更换方法

1. 多楔带的作用

发动机多楔带的主要作用是带动发动机上的附件（如发电机、空调压缩机、转向助力泵等）运转。大众车系保养手册中规定，多楔带每30 000 km或2年检查一次，必要时更换。

2. 多楔带的检查方法

用手扭转多楔带，多楔带刚好转动90°为适中，若转动角度大于90°，则说明多楔带过于松弛，应更换张紧器。另外，还应检查多楔带有无老化、裂痕和剥落现象，若有则应更换。

3. 多楔带的更换方法

使用呆扳手扳动多楔带张紧器，待多楔带松弛后，取下多楔带并松开张紧器。将新的多楔带套在发动机前端的带轮（发电机带轮除外）上，然后使用呆扳手扳动张紧器，并将多楔带绕过张紧轮套在发电机带轮上，最后松开张紧器，张紧多楔带。

（二）发动机正时传动带的检查与更换方法

正时传动带若损坏，会对发动机造成严重的机械损伤，因此应定期检查或更换正时传动带。大众公司要求，正时传动带每80 000 km必须更换一次，以保证发动机正时机构的工作可靠性。

1. 正时传动带的拆卸

拆卸正时传动带时，应先找到发动机凸轮轴及曲轴上的正时记号，然后松开张紧器的固定螺栓或螺母，待正时传动带松弛后，将传动带分别从曲轴和凸轮轴的带轮上取下。

2. 正时传动带的安装

安装新的正时传动带时，应先分别将凸轮轴与曲轴上的正时记号对准，然后将正时传动带从曲轴

带轮开始沿无张紧轮一侧拉紧并套在凸轮轴带轮上，再安装张紧器，并使用工具使其张紧，最后用手拉动正时传动带，检查其张紧度是否合适。

正时传动带安装完毕后，应使用扭力扳手转动曲轴两圈，再次检查曲轴和凸轮轴上的正时记号是否对准。

二、任务准备

在下列图片中勾选出完成本任务所需的工具、设备、资料等。

	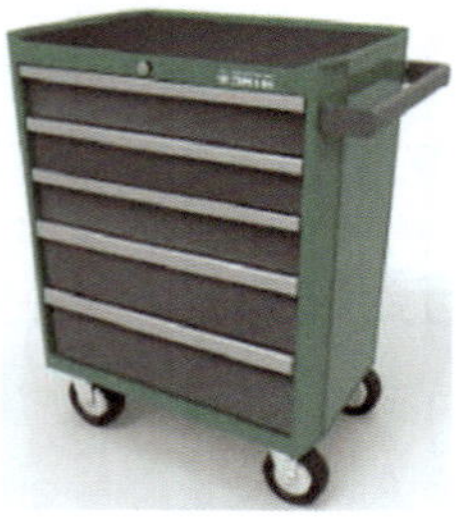	
张紧轮扳手	工具车	翼子板布

常用工具套装	配件车	扭力扳手
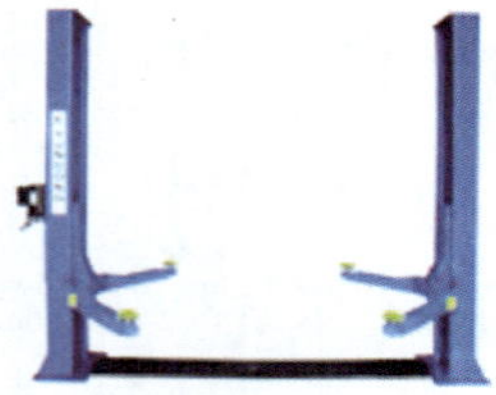		
举升机	发动机多楔带	发动机正时传动带

发动机正时传动带张紧轮	保养手册	实训车辆

三、防护措施

1. 进入车间应穿工鞋，戴工帽；工作服应整洁，无破损；操作时不可佩戴手表等金属饰品，以防划伤车辆表面。

2. 在对发动机舱舱内部件进行操作时，应遵守安全操作规范，防止发动机意外启动。

四、任务分配（表 5-1）

表 5-1　　任务分配

职务	组号	成员	姓名	工作内容
组长	1	技师A		
组员		技师B		
	2	技师C		
		技师D		
	3	技师E		
		技师F		

五、任务实施

（一）操作流程

仔细阅读操作项目及内容，然后根据操作内容为小组成员分工（表 5-2）。

表 5–2 多楔带与正时传动带更换步骤及分工

操作人员	操作项目	操作内容
	更换多楔带	（1）使用15 mm呆扳手扳动多楔带张紧器，松开多楔带 （2）将多楔带从发电机带轮上取下并抽出，松开多楔带张紧器 （3）将新的多楔带套在发动机下方的曲轴带轮、空调压缩机带轮上 （4）使用15 mm呆扳手扳动多楔带张紧器，并将多楔带套在发电机带轮上 （5）松开多楔带张紧器
	拆卸正时传动带	（1）拆下多楔带和多楔带张紧器 （2）拆下发动机正时传动带上部和中部罩壳 （3）拆下曲轴多楔带轮，并拆下正时传动带下部罩壳 （4）使用13 mm呆扳手松开正时传动带张紧器固定螺栓 （5）取下正时传动带
	安装新的正时传动带	（1）将正时传动带套在曲轴正时传动带轮上 （2）安装正时传动带下部罩壳和曲轴多楔带轮，并使用规定紧固力矩拧紧 （3）按照保养手册要求，分别对准曲轴和凸轮轴正时记号 （4）固定曲轴，将正时传动带从无张紧轮侧向上勒紧，并套在凸轮轴正时传动带轮上 （5）使张紧轮张紧正时传动带，并按规定力矩紧固张紧器固定螺栓 （6）使用19 mm套管旋转曲轴两圈，再次检查曲轴和凸轮轴上的正时记号是否对准 （7）安装正时传动带中部和上部罩壳并紧固 （8）安装多楔带

（二）实施记录

结合实施过程，对照表5-3中的检查项目，按要求对实施过程进行记录。

表 5–3 检查、更换发动机传动带的实施记录

车辆型号		行驶里程	
检查项目	传动带缠绕方式（画图）	传动带张紧方式	备注
发动机多楔带		自动 □ 手动 □	
发动机正时传动带		自动 □ 手动 □	
螺栓紧固力矩	固定螺栓名称	规定力矩	实际力矩
	多楔带张紧器固定螺栓	____ N·m	____ N·m
	正时传动带罩壳固定螺栓	____ N·m	____ N·m
	曲轴多楔带轮固定螺栓	____ N·m	____ N·m
	正时传动带张紧器固定螺栓	____ N·m	____ N·m

六、检查

(一)自检

结合本组任务操作过程，对任务执行过程中的操作规范性进行检查，检查是否存在以下问题，分析、讨论应如何避免并总结规范的操作方法（表5-4）。

表5-4 自检

检查项目	检查结果
多楔带、正时传动带安装是否到位	是 □ 否 □
多楔带张紧度是否合适	是 □ 否 □
正时传动带张紧度是否合适	是 □ 否 □
正时记号是否正确	是 □ 否 □

(二)互检

小组之间相互进行任务操作过程及结果检查，并将检查结果填写在表5-5中。

表5-5 互检

检查项目	检查结果
多楔带、正时传动带安装是否到位	是 □ 否 □
多楔带张紧度是否合适	是 □ 否 □
正时传动带张紧度是否合适	是 □ 否 □
正时记号是否正确	是 □ 否 □

七、课堂小结

微课动画

实操视频

任务六 发动机供给系统的检查与清洗

<table>
<tr><th colspan="4">发动机供给系统的检查与清洗任务工单</th></tr>
<tr><td>客户信息</td><td colspan="2">姓名</td><td>电话</td></tr>
<tr><td rowspan="2">车辆信息</td><td>车型</td><td>VIN</td><td>行驶里程</td></tr>
<tr><td></td><td></td><td></td></tr>
<tr><td>保养项目</td><td colspan="3">5 000 km首次保养 □　　每10 000 km或2年保养 □
每20 000 km或2年保养 □　　每60 000 km或4年保养 □
其他项目：
______
______
______</td></tr>
<tr><th colspan="2">车辆外观检查</th><th colspan="2">车辆内部检查</th></tr>
<tr><td>凹凸 □
划痕 □
石击 □
油漆 □</td><td>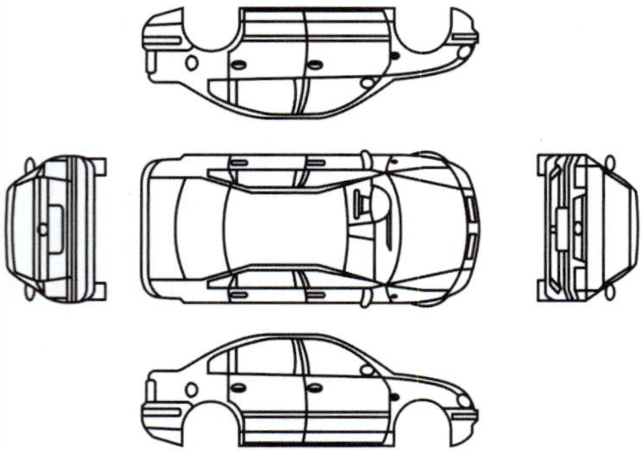</td><td>污渍 □
破损 □
色斑 □
变形 □</td><td>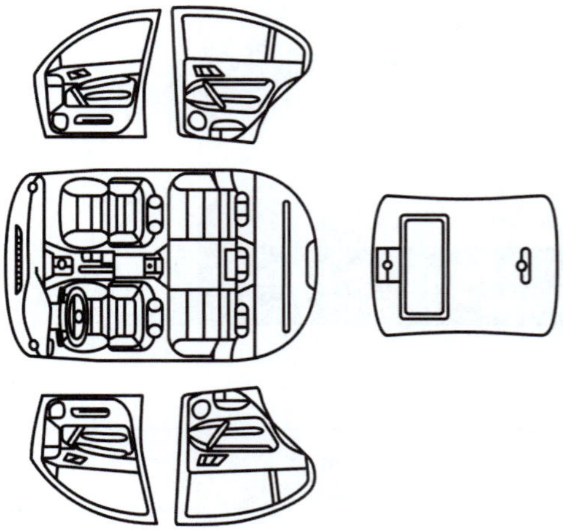</td></tr>
<tr><td>明确具体工作任务</td><td colspan="3">______
______
______</td></tr>
</table>

任务目标

- 能够对发动机节气门进行清洗，并完成清洗后的基本设定
- 能够对发动机喷油器进行清洗，并完成检查

任务内容

- 清洗发动机节气门的必要性
- 发动机节气门的清洗方法及基本设定方法
- 发动机喷油器的清洗与检查

任务重点

- 发动机节气门积碳对发动机的影响
- 发动机节气门的清洗方法及基本设定方法
- 发动机喷油器的清洗与检查

一、知识讲解

（一）清洗发动机节气门的必要性

在发动机怠速工作过程中，流经节气门的空气中的灰尘与进气管道内的燃油蒸气混合，在节气门后方堆积并形成积碳。积碳过多会影响发动机电控单元对发动机怠速转速的调节，从而导致发动机产生抖动、怠速不稳，甚至不易启动等故障。因此应定期检查并清洗节气门。

（二）发动机节气门的清洗方法及基本设定方法

1. 节气门的清洗方法

清洗节气门时应关闭点火开关，卸下进气管道，拔下节气门插接器线束插头，并将节气门体从进气系统卸下。用化油器清洗剂将节气门体内部清洗干净，同时对节气门体的插接器内部进行清理，并检查插接器内部端子有无锈蚀、弯折现象。

2. 节气门的基本设定方法

由于发动机控制单元对节气门具有“自学习”和“记忆”功能，能在积碳过多时自动调整节气门开度并记录调节后的位置。因此当人工清理积碳后，需要对发动机控制单元进行基本设定，以使其对节气门的开度位置进行“初始化”设置。

在对发动机节气门进行基本设定时，应满足以下条件：

（1）故障存储器中无故障码。

（2）发动机冷却液温度不低于80 ℃。

（3）所有用电设备已关闭（检测时必须关闭散热器风扇）。

（4）空调已关闭。

（5）选挡杆在P挡或N挡位置。

节气门的基本设定方法如下：

（1）连接诊断仪，打开点火开关，选择诊断仪“自诊断”功能。

（2）选择“01发动机电控系统”。

（3）选择“06基本设置”。

（4）输入通道号“060”，然后选择“Q”键。

（5）节气门基本设定完毕，待面板上显示“ADP OK”后，单击“退出”。

（三）发动机喷油器的清洗与检查

1. 清洗喷油器的必要性

喷油器内部或喷嘴产生积碳，会导致喷油器关闭不严或无法完全打开，从而影响可燃混合气的空燃比，导致发动机工作不良或不能启动等。因此必须定期对发动机喷油器进行清洗与检查。

2. 喷油器的清洗与检查

（1）喷油器的清洗

可采用超声波喷油器清洗机清洗喷油器，超声波喷油器清洗机具有静态清洗和动态冲洗两种功能。

静态清洗是将喷油器放入超声波清洗池内的托盘支架上，然后倒入超声波清洗液，打开超声波喷油器清洗机进行清洗。此种清洗方法只能清洗掉喷油器喷嘴和表面的积碳。

喷油器内部的积碳或燃油杂质可采用动态冲洗的方法清除。动态冲洗是将喷油器安装到清洗机的高压油轨上，然后将清洗机后方的电源插接器插到每个待冲洗的喷油器上，可选择冲洗压力、冲洗时长、冲洗脉冲频率等。为了保证冲洗干净，还应将喷油器反向固定在高压油轨上进行反向清洗。

（2）喷油器的检查

超声波喷油器清洗机上的冲洗装置不仅能对喷油器进行清洗，还具有检测喷油器性能的功能。检测时，主要对喷油器喷油量、喷油器雾化角、喷油器滴漏等进行检查。若检查结果不理想，则应更换喷油器。

二、任务准备

在下列图片中勾选出完成本任务所需的工具、设备、资料等。

常用工具套装	工具车	三件套	配件车

	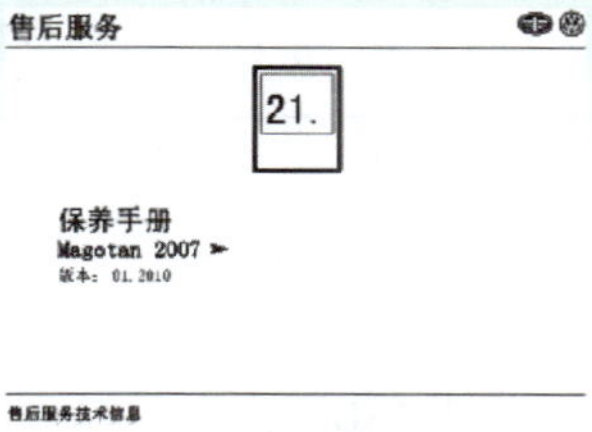	
发动机传动带张紧轮	保养手册	实训车辆

超声波喷油器清洗机	化油器清洗剂	超声波清洗液

三、防护措施

1.进入车间应穿工鞋，戴工帽；工作服应整洁，无破损；操作时不可佩戴手表等金属饰品，以防划伤车辆表面。

2.使用化油器清洗剂时，应注意防火安全及人身安全。

3.使用超声波喷油器清洗机时，应遵守设备操作安全规范。

四、任务分配（表 6–1）

表 6–1　　任务分配

职务	组号	成员	姓名	工作内容
组长	1	技师A		
组员		技师B		
	2	技师C		
		技师D		
	3	技师E		
		技师F		

五、任务实施

（一）操作流程

为下列表格中的操作步骤排序（表6-2~表6-6）。

表 6-2　安全防护工作

操作步骤	工作内容
	铺好三件套
	打开发动机舱盖，铺好翼子板布

表 6-3　拆卸并清洗发动机节气门

操作步骤	工作内容
	拆卸节气门上的进气管道卡箍，将管道取下
	断开节气门插接器，拆卸节气门的4个固定螺栓，取下节气门体
	使用化油器清洗剂清洗节气门阀板正面、背面及节气门体内部，并用抹布擦拭干净
	使用压缩空气将节气门上的化油器清洗剂吹净

表 6-4　安装发动机节气门并进行基本设定

操作步骤	工作内容
	将节气门按原位置装回，安装4个固定螺栓，并连接插接器
	安装进气管道，紧固管道卡箍
	连接诊断仪，使用诊断仪对节气门进行基本设定
	撤去翼子板布，关闭机发动舱盖，撤去三件套

表 6-5　清洗发动机喷油器

操作步骤	工作内容
	将灭火器放置在超声波喷油器清洗机旁备用，准备干净的抹布
	连接超声波喷油器清洗机电源，并打开开关
	连接喷油器插接器，并将喷油器放置在超声波清洗池中
	按下检测按钮，使喷油器进入工作状态，打开超声波喷油器清洗机的清洗开关，清洗约10 min
	清洗结束后关闭超声波喷油器清洗机开关，按下停止按钮，使喷油器停止工作
	断开喷油器插接器，将喷油器取出并擦拭干净

表 6–6 检查发动机喷油器

操作步骤	工作内容
	将喷油器安装在超声波喷油器清洗机高压油轨上，紧固螺栓并连接插接器
	按下喷油泵按钮打开喷油泵，旋转调压阀将油压调节至392 kPa，保持约10 s，检查喷油器是否发生滴漏。若正常，则进行下一步检查，若发生滴漏，则更换该喷油器。检查结束后关闭喷油泵
	按下喷油泵按钮打开喷油泵，按住直喷按钮，使喷油器喷射15 s，检查额定压力下喷油量是否均匀。若此检查结果为2、4，则喷油器正常；若此检查结果为1、3，则喷油器不正常，需更换。检查结束后关闭喷油泵
	按下喷油泵按钮打开喷油泵，按下预置按钮，然后按下选择按钮，根据不同要求分别调节计次、计时、脉宽和转速。按下检测按钮，使喷油器进入工作状态，检查喷油器雾化情况。根据喷油器雾化标准，判断喷油器雾化是否正常。检查结束后按下停止按钮和回位按钮，按下喷油泵按钮，关闭喷油泵
	断开喷油器插接器，将喷油器取下，关闭超声波喷油器清洗机开关，断开电源
	清理现场并将灭火器归位

（二）实施记录

结合实施过程，对照表6-7、表6-8中的检查项目，填写检查结果。

表 6–7 清洗发动机节气门并进行基本设定的实施记录

实施步骤	检查项目	检查结果
1	节气门阀板原有状况	
2	节气门阀板清洗后状况	
3	节气门固定螺栓紧固力矩	
4	节气门基本设定情况	

表 6–8 清洗和检查发动机喷油器的实施记录

实施步骤	检查项目	检查结果
1	清洗过程中喷油器是否正常工作	
2	清洗过程是否顺利	
3	喷油器滴漏情况	
4	喷油器喷油质量	
5	喷油器雾化情况	

六、检查

（一）自检

结合本组任务操作过程，对任务执行过程中的操作规范性进行检查，检查是否存在以下问题，分析、讨论应如何避免并总结规范的操作方法（表6-9）。

表 6–9　自检

检查项目	检查结果
车辆停放位置是否合适，是否已将变速器置于空挡并拉紧驻车制动器	是 □　否 □
是否已使用三件套对车辆进行防护	是 □　否 □
是否已注意人身安全	是 □　否 □
节气门清洗过程是否有漏项	是 □　否 □
喷油器清洗、检查过程是否有漏项	是 □　否 □
工具、配件是否已归位	是 □　否 □
工作场地是否已清洁，车辆是否已复位	是 □　否 □

（二）互检

小组之间相互进行任务操作过程及结果检查，并将检查结果填写在表6-10中。

表 6–10　互检

检查项目	检查结果
车辆停放位置是否合适，是否已将变速器置于空挡并拉紧驻车制动器	是 □　否 □
是否已使用三件套对车辆进行防护	是 □　否 □
是否已注意人身安全	是 □　否 □
节气门清洗过程是否有漏项	是 □　否 □
喷油器清洗、检查过程是否有漏项	是 □　否 □
工具、配件是否已归位	是 □　否 □
工作场地是否已清洁，车辆是否已复位	是 □　否 □

七、课堂小结

微课动画

实操视频

任务七 发动机冷却液的更换

<table>
<tr><th colspan="6">发动机冷却液的更换任务工单</th></tr>
<tr><td>客户信息</td><td colspan="2">姓名</td><td colspan="3">电话</td></tr>
<tr><td rowspan="2">车辆信息</td><td>车型</td><td colspan="2">VIN</td><td colspan="2">行驶里程</td></tr>
<tr><td></td><td colspan="2"></td><td colspan="2"></td></tr>
<tr><td>保养项目</td><td colspan="5">5 000 km首次保养 □　　每10 000 km或2年保养□
每20 000 km或2年保养 □　　每60 000 km或4年保养□
其他项目：
____
____
______________________________</td></tr>
<tr><td colspan="3">车辆外观检查</td><td colspan="3">车辆内部检查</td></tr>
<tr><td>凹凸 □</td><td colspan="2" rowspan="4">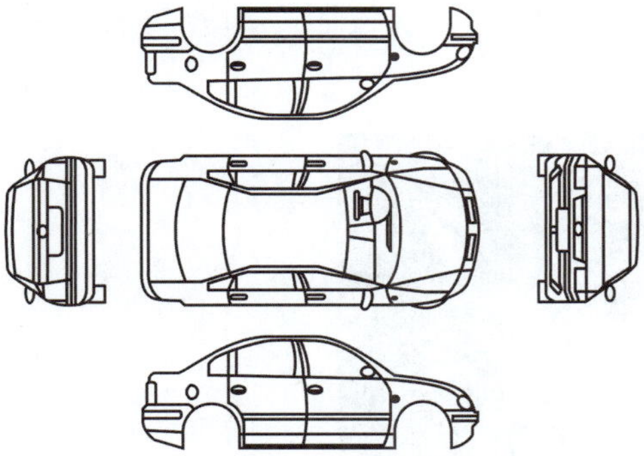</td><td>污渍 □</td><td colspan="2" rowspan="4">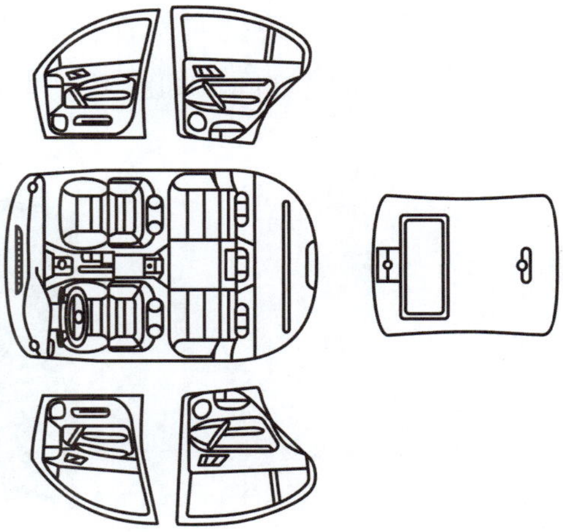</td></tr>
<tr><td>划痕 □</td><td>破损 □</td></tr>
<tr><td>石击 □</td><td>色斑 □</td></tr>
<tr><td>油漆 □</td><td>变形 □</td></tr>
<tr><td>明确具体工作任务</td><td colspan="5">______________________________
____
______________________________</td></tr>
</table>

任务目标

- 能够按照标准对发动机冷却液液位及浓度进行检查
- 能够更换发动机冷却液

任务内容

- 发动机冷却液的更换周期
- 发动机冷却液液位及浓度的检查方法
- 发动机冷却液的加注与排放方法

任务重点

- 发动机冷却液液位的检查方法
- 发动机冷却液浓度的检查方法
- 发动机冷却液的加注与排放方法

一、知识讲解

（一）发动机冷却液的更换周期

大部分家用轿车发动机冷却液都是每2年或者40 000 km更换一次。如果用车强度大，也可以提前更换。通常，运行时间短的车辆，在北方可3年更换一次，在南方可4年更换一次，或者每30 000 km更换一次。这只是一个参考的更换周期，具体车系具体分析。平时使用时需经常检查，若缺少，则需添加；若浑浊，则需更换。

（二）发动机冷却液液位及浓度的检查方法

1. 冷却液液位的检查方法

在发动机处于冷态时检查补偿罐中的冷却液液位。在交车检查和常规保养时，冷却液液位应在MIN和MAX标线之间，如图7-1所示。当冷却液液位过低时，应按照冷却液与水的混合比例加注缺少量。

图7-1　补偿罐上的冷却液液位标线

2. 冷却液浓度（冰点）的检查方法

（1）掀开冰点测试仪盖板，用柔软的绒布将盖板及棱镜表面擦拭干净。

（2）将待测液体用吸管滴于棱镜表面，合上并轻轻按压盖板，将冰点测试仪（图7-2）放置于明亮处，旋转目镜使视场内刻度线清晰呈现，读出明暗分界线在分划板刻度线上的数值，如图7-3所示。

（3）测试完毕，用柔软的绒布将冰点测试仪盖板及棱镜表面擦拭干净，清洗吸管，将冰点测试仪放回包装盒。

（4）仪器使用注意事项：

①不要将冰点测试仪长期放在相对湿度大于85%的环境中，以免其光学系统受到影响。

②避免水等液体进入调节旋钮和目镜，以免损坏内部器件。

③避免跌落和碰撞，以免影响仪器精度。

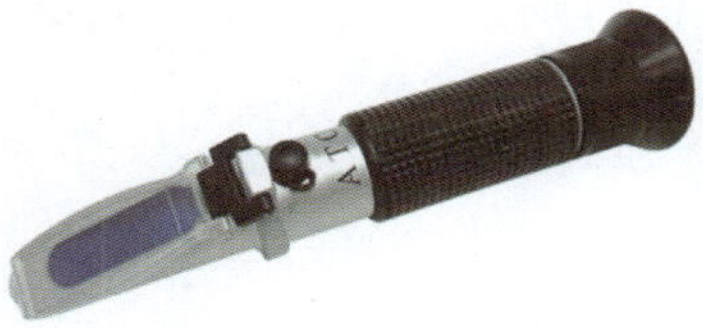

图7–2 冰点测试仪

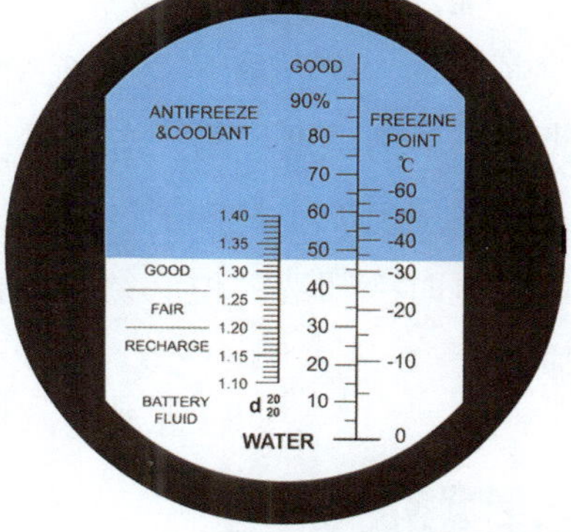

图7–3 冰点测试仪的分划板刻度线

（三）发动机冷却液的加注与排放方法

1. 常规步骤

（1）确定发动机和散热器处于冷态，并且散热器底部的排放螺塞是关闭的。

（2）查看保养手册，确定冷却液与水的混合比例及适当的加注量。

（3）在散热器颈内放置漏斗。

（4）通过漏斗和散热器颈向散热器内倒入适量的冷却液。

（5）按要求的混合比例倒入水。

（6）安装散热器盖（最好是新盖）。

（7）按生产厂商的推荐，向回收容器中加注冷却液。

（8）运行发动机，排除进入冷却液的空气，并再次检查冷却液液位是否处于规定范围。

2. 大众迈腾轿车发动机冷却液的排放步骤

（1）打开补偿罐的密封盖。

（2）拆卸隔音垫，在发动机下方放置冷却液收集盆。

（3）拔出散热器下方的水管固定夹，将冷却液软管从散热器上拔下。

（4）拔出水管固定夹，将增压空气冷却系统辅助散热器冷却液软管拔下。

（5）拔出补偿罐上的冷却液软管，使其伸向下方，以便排出剩余的冷却液。

3. 大众迈腾轿车发动机冷却液的加注步骤

（1）将冷却液软管接头压向散热器连接管，将水管固定夹推入接头的槽中，直到听见其卡住的声音为止。

（2）将冷却液软管接头压向增压空气冷却系统辅助散热器的连接管，将水管固定夹推入接头的槽中，直到听见其卡住的声音为止。

（3）安装隔音垫，连接补偿罐上的冷却液软管。

（4）用冷却系统加注装置 VAS 6096 向冷却系统加注冷却液。

（5）将冷却液加注至补偿罐上最大标线处。

（6）密封补偿罐，关闭暖风鼓风机。

（7）连接汽车诊断、测量和信息系统 VAS 5051B，执行“引导型”功能，依次选择品牌、车型、年款、发动机代码、车辆识别代码、车辆系统和功能。

（8）执行“冷却系统加注和排气”功能，然后检查补偿罐中冷却液的液位。

（9）发动机暖机时冷却液液位必须位于最大标线处，冷机时则必须位于最小和最大标线之间，必要时应添加冷却液。

二、任务准备

在下列图片中勾选出完成本任务所需的工具、设备、资料等。

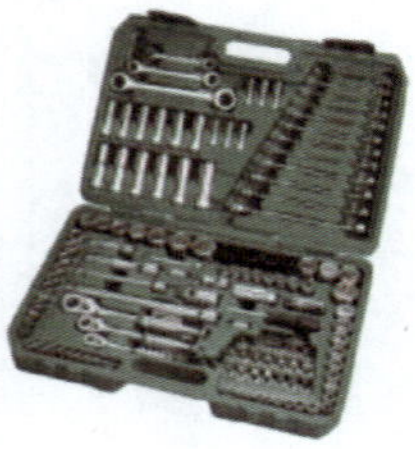		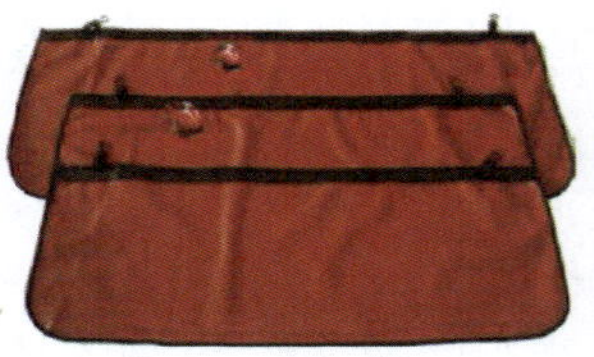	
常用工具套装	工具车	三件套	配件车

<table>
<tr><td></td><td>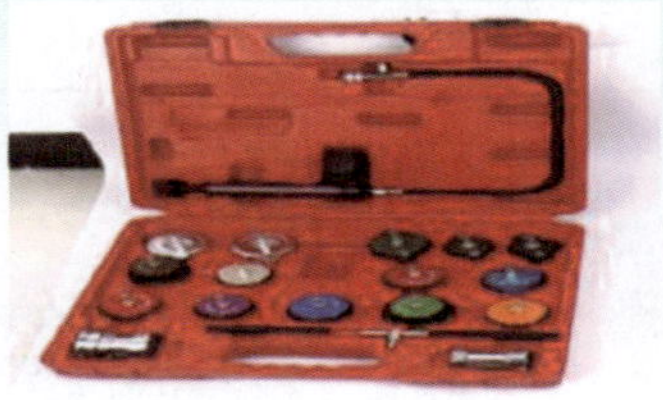</td><td>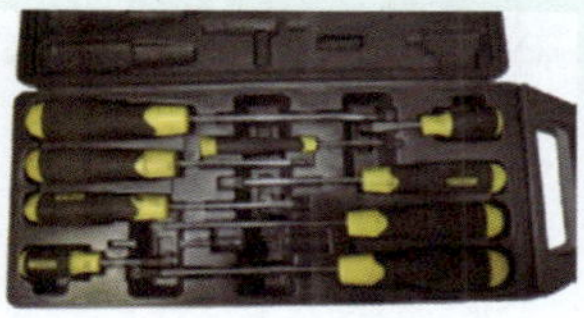</td><td></td></tr>
<tr><td>水管弹簧钳</td><td>水箱压力测试仪</td><td>旋具套装</td><td>万用表</td></tr>
<tr><td></td><td></td><td></td><td></td></tr>
<tr><td>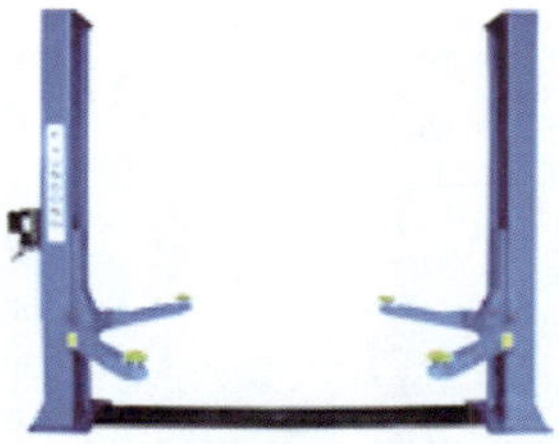</td><td>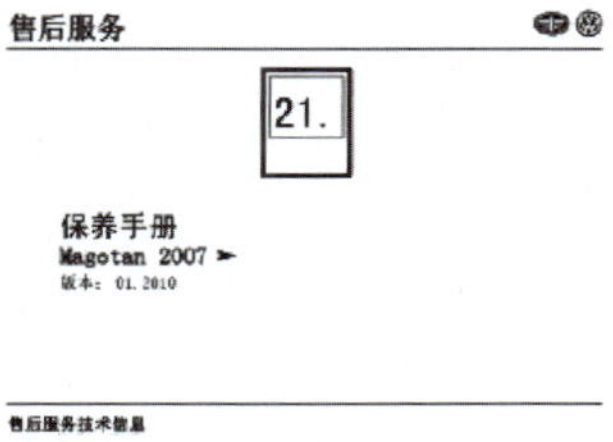
</td><td></td><td></td></tr>
<tr><td>举升机</td><td>保养手册</td><td>实训车辆</td><td>发动机润滑油</td></tr>
<tr><td></td><td></td><td></td><td></td></tr>
<tr><td colspan="2">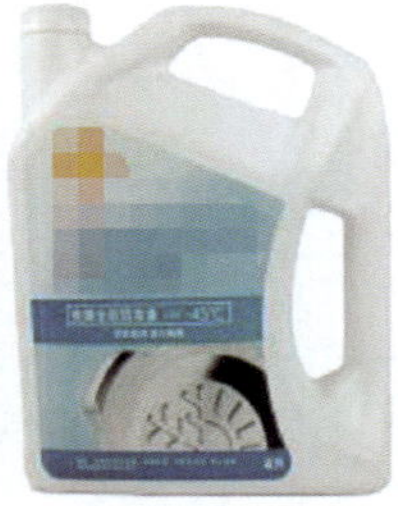</td><td colspan="2"></td></tr>
<tr><td colspan="2">冷却液</td><td colspan="2">超声波喷油器清洗机</td></tr>
<tr><td colspan="2"></td><td colspan="2"></td></tr>
</table>

三、防护措施

1. 进入车间应穿工鞋，戴工帽；工作服应整洁，无破损；操作时不可佩戴手表等金属饰品，以防划伤车辆表面。

2. 操作举升机时，应遵守操作规范并注意人身安全。

3. 更换油液或配件时，应做好油液和配件的回收清理工作，以免对环境造成污染。

四、任务分配（表 7–1）

表 7–1　　任务分配

职务	组号	成员	姓名	工作内容
组长	1	技师A		
组员		技师B		
	2	技师C		
		技师D		
	3	技师E		
		技师F		

五、任务实施

（一）操作流程

为表7-2中的操作步骤排序，并将每一步骤的操作人员填入表中。

表 7–2　　更换发动机冷却液的操作流程

操作人员	操作步骤	操作内容
		断开散热器下部电子扇插接器及冷却液温度传感器的插头，并在散热器下部放置冷却液收集盆
		挑开散热器下部水管固定夹，拔下冷却液软管，将冷却液排出
		将散热器下部冷却液软管装回原处，并安装水管固定夹
		加注冷却液至补偿罐最大标线处，密封补偿罐，关闭暖风鼓风机，启动发动机，使发动机转速约为2 000 r/min，并保持约 3 min，使发动机运转至风扇启动。检测补偿罐中的冷却液液位。发动机暖机时的冷却液液位必须位于最大标线处，冷机时的冷却液液位则必须位于最小和最大标线之间
		必要时加注冷却液（冷却液加注量根据车辆装备的不同而有所不同）
		在发动机暖机时，应将冷却液补偿罐的密封盖先用抹布盖住，再小心地打开，从而消除冷却液蒸气压力
		举升车辆至合适高度，并挂上保险，拆卸发动机底部护板

续表

操作人员	操作步骤	操作内容
		松开增压空气导管上2个卡箍并拆下增压空气导管，用一块干净的抹布堵住增压空气冷却器
		将冷却液继续循环泵下面的冷却液软管拔下，并将剩余的冷却液排出，冷却液排净后装回冷却液软管
		安装散热器出口处的冷却液温度传感器的插头及电子扇插接器，安装增压空气导管及发动机底部护板

（二）实施记录

结合实施过程，对照表7-3中的检查项目，勾选检查结果。

表 7–3 实施记录

序号	检查项目	检查结果	备注
1	冷却液是否已排放干净	是 □ 否 □	冷却液使用冷却液收集盆回收
2	冷却系统各管道接头是否已重新连接	是 □ 否 □	必要时涂抹密封胶
3	冷却系统是否渗漏	是 □ 否 □	使用水箱压力测试仪检测
4	散热器盖密封性能是否良好	是 □ 否 □	密封不严时应更换
5	冷却液液位是否符合规定	是 □ 否 □	液位过低时应加注冷却液

六、检查

（一）自检

结合本组任务操作过程，对任务执行过程中的操作规范性进行检查，检查是否存在以下问题，分析、讨论应如何避免并总结规范的操作方法（表7-4）。

表 7–4 自检

检查项目	检查结果
车辆停放位置是否合适，是否已将变速器置于空挡并拉紧驻车制动器	是 □ 否 □
是否已使用三件套对车辆进行防护	是 □ 否 □
是否按规范操作举升机，是否注意人身安全	是 □ 否 □

续表

检查项目	检查结果
操作项目是否有遗漏	是 □　　否 □
操作结果描述是否准确	是 □　　否 □
操作步骤是否正确	是 □　　否 □
工作场地是否清洁，车辆是否已复位	是 □　　否 □

（二）互检

小组之间相互进行任务操作过程及结果检查，并将检查结果填写在表 7-5 中。

表 7–5　　互检

检查项目	检查结果
车辆停放位置是否合适，是否已将变速器置于空挡并拉紧驻车制动器	是 □　　否 □
是否已使用三件套对车辆进行防护	是 □　　否 □
是否按规范操作举升机，是否注意人身安全	是 □　　否 □
操作项目是否有遗漏	是 □　　否 □
操作结果描述是否准确	是 □　　否 □
操作步骤是否正确	是 □　　否 □
工作场地是否清洁，车辆是否已复位	是 □　　否 □

七、课堂小结

微课动画

实操视频

任务八 自动变速器油的更换

<table>
<tr><th colspan="6">自动变速器油的更换任务工单</th></tr>
<tr><td>客户信息</td><td colspan="3">姓名</td><td colspan="2">电话</td></tr>
<tr><td rowspan="2">车辆信息</td><td colspan="2">车型</td><td colspan="2">VIN</td><td>行驶里程</td></tr>
<tr><td colspan="2"></td><td colspan="2"></td><td></td></tr>
<tr><td>保养项目</td><td colspan="5">5 000 km首次保养 □　　每10 000 km或2年保养 □
每20 000 km或2年保养 □　　每60 000 km或4年保养 □
其他项目：
____
____
____________________</td></tr>
<tr><th colspan="3">车辆外观检查</th><th colspan="3">车辆内部检查</th></tr>
<tr><td>凹凸 □</td><td colspan="2" rowspan="4">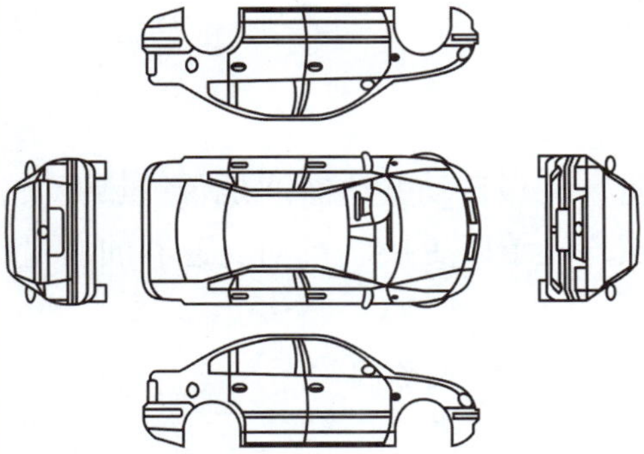</td><td>污渍 □</td><td colspan="2" rowspan="4">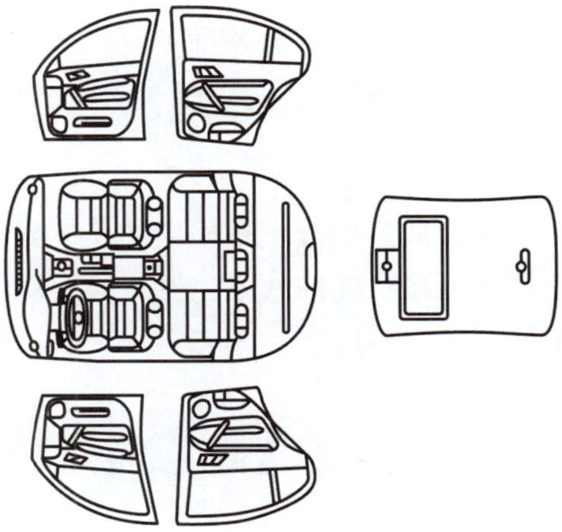</td></tr>
<tr><td>划痕 □</td><td>破损 □</td></tr>
<tr><td>石击 □</td><td>色斑 □</td></tr>
<tr><td>油漆 □</td><td>变形 □</td></tr>
<tr><td>明确具体工作任务</td><td colspan="5">____________________
____
____________________</td></tr>
</table>

任务目标

- 能够正确检查自动变速器油液面高度与油液质量
- 能够正确选用自动变速器油，并按照标准步骤进行更换
- 能够正确填写维修工单

任务内容

- 自动变速器油的种类和更换周期
- 自动变速器油液面高度和油液质量的检查方法
- 自动变速器油的人工更换与机器更换方法

任务重点

- 自动变速器油的选用原则
- 自动变速器油液面高度和油液质量的检查方法
- 自动变速器油的更换方法

一、知识讲解

（一）自动变速器油的种类、更换周期及选用原则

自动变速器油简称ATF，目前应用广泛的是DEXRON、DEXRON Ⅱ和DEXRON Ⅲ型，主要应用于美国通用、克莱斯勒，以及日本和德国的大部分车型上。福特汽车公司使用的自动变速器油为F型，国产轿车使用的主要是8号自动传动油。

自动变速器达到规定行驶里程40 000~60 000 km或放置1年以上必须更换全部油液，同时应更换自动变速器滤清器。换油时必须使用规定型号的自动变速器油。具体的换油里程、换油方法、用油规格，依据生产厂商保养手册中的规定进行。

（二）自动变速器油的检查方法

在进行自动变速器维护时，对自动变速器油的检查是极其重要的工作，检查内容主要包括油质检查、油量检查和漏油检查。

1. 油液质量检查方法

油液质量检查包括检查油质、颜色、气味和杂质，检查自动变速器油是否过热变质，检查油质是否清澈纯净。如油液颜色变黑，有烧焦味且含有杂质，应予以更换。自动变速器油质量检查结果及产生原因见表8-1。

表 8–1　　自动变速器油质量检查结果及产生原因

油质检查结果	产生原因
油呈深红或褐色	长期重载，部件打滑损坏，油温过高
油中有金属颗粒	离合器、制动器严重烧损
油尺有胶质油膏	油温过高
油有烧焦味	油位过高，油位过低，散热器或管路堵塞
油液溢出	油位过高，通气孔堵塞

2. 液面高度检查方法

（1）用油尺检查液面高度

部分车型用自动变速器油面高度尺（油尺）检查自动变速器油液面高度。油尺有双刻度线、三刻度线、四刻度线等类型，热车状态下的液面高度应在HOT范围内，冷车状态下的液面高度应在COOL范围内，如图8-1所示。

检查自动变速器油液面高度的方法：

①将车辆停放在水平地面上，拉紧驻车制动器，将变速操纵杆置于制造厂商规定的驻车挡（P挡）或空挡（N挡）位置。启动发动机，使自动变速器的温度升至正常工作温度。

②踩下制动踏板，逐一挂入所有挡位并停留几秒钟，最后回到驻车挡。

③将变速操纵杆移至驻车挡（P挡）或空挡（N挡），使发动机处于怠速运转状态。

④擦净油尺把手上的灰尘，抽出油尺。

⑤将油尺擦净，插回油液加注管，并确认油尺已插到底。

⑥再次抽出油尺，查看液面高度。小心地用两个手指夹住油尺的尾端，此时能感觉到油液的温度。

⑦把油尺重新插回油液加注管。

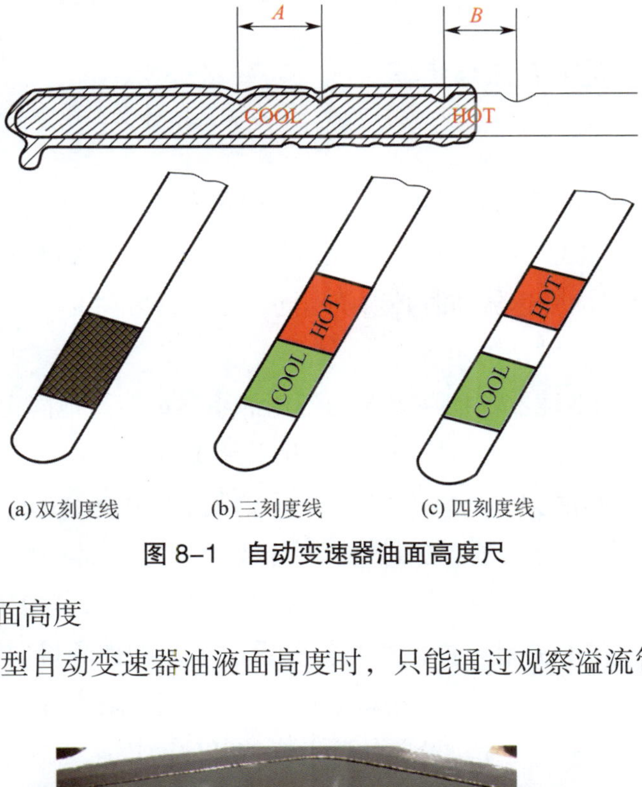

图 8-1　自动变速器油面高度尺

（2）用溢流管检查液面高度

检查大众、奥迪等车型自动变速器油液面高度时，只能通过观察溢流管（图8-2）来判断液面高度是否符合要求。

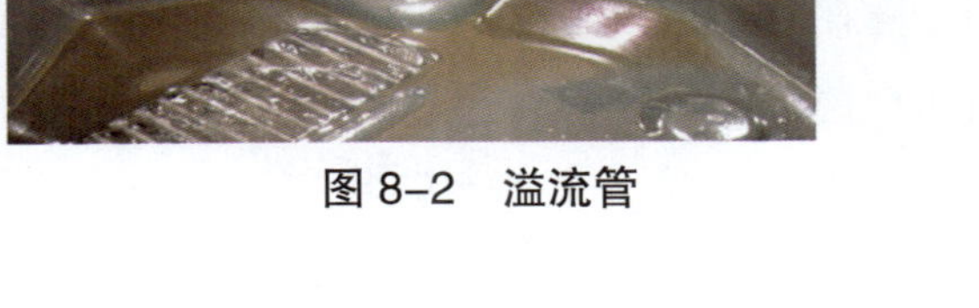

图 8-2　溢流管

①将车辆水平停放在举升机上，启动发动机，使自动变速器处于正常工作温度。

②踩下制动踏板，将变速器各个挡位轮流运行2～3次。

③找到并小心地拔下（或拧下）油液液位塞（安装在壳体的底部或侧面）。

④如果油液从塞孔处滴落或渗出，则液面高度是正常的；如果油液流出，则液面太高，应使过量的油液流尽；如果没有油液流出，则液面太低，应添加规定型号的自动变速器油至正常液面高度。

ATF（自动变速器油）注油螺栓和放油螺栓的位置如图8-3所示。

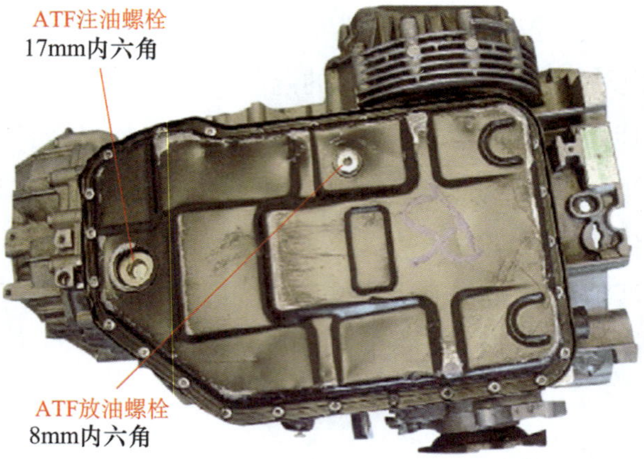

图 8–3 ATF 注油螺栓和放油螺栓的位置

（三）自动变速器油的更换方法与步骤

1. 人工换油法

人工换油法的优点是操作方便，耗时少；缺点是换油不彻底，只能放掉1/4～1/3的旧油液，约为3 L（如捷达01M自动变速器油总容量为5.3 L，换油量为3 L；奥迪A6自动变速器油总容量为5.4 L，换油量为3 L）。注意，更换自动变速器油时必须使用同一品牌的自动变速器油。

捷达01M自动变速器人工换油法的步骤：

（1）关闭发动机，将自动变速器油加注系统的备用油箱尽可能高地固定在车辆上（备用油箱必须高于变速箱，否则不能加注，加注系统的放油阀口必须关闭）。

（2）将车辆水平停放在举升机上，举升车辆，拆下发动机下护板和变速箱护板。

（3）将废油装置置于车辆下方，戴上护目镜，拆下变速器检查螺栓（放油孔塞），排放自动变速器油。使用专用工具钩出油位管，继续排放自动变速器油，更换油位管并安装到位。

（4）将专用工具开关阀置于关闭位置，按照保养手册规定的加注量向储油罐中加注自动变速器油，拆下连接管O形环，用手将连接管旋入变速箱检查口，直至极限位置。

（5）降下车辆，将储油罐挂在发动机舱盖挂钩上。打开储油罐通气口，将其放入驾驶室。举升车辆，将开关阀置于加注位置，向变速箱内加注自动变速器油。

（6）加注完毕后，读取变速箱油温，并启动发动机，短时间内将发动机转速提高到2 500 r/min，踩下制动踏板，交替挂入R挡和D挡，每个挡位在怠速运转状态下保持约2 s。此过程重复3次。

（7）踩下制动踏板后依次挂入所有挡位，怠速运转状态下每个挡位保持约2 s，观察自动变速器油温度变化。当油温达到35 ~ 45 ℃时，将VAS 5162开关阀置于检查位置。当有少量自动变速器油流出时，关闭开关。

（8）准备新的变速箱检查螺栓。拆下VAS 5162连接管，迅速安装新变速箱检查螺栓，并按照规定力矩将其紧固。

（9）关闭发动机，安装变速箱护板和发动机下护板。

（10）降下车辆，取下VAS 5162储油罐，拆下抑磁板护罩，关闭发动机舱盖，收拾工具，清理场地。

2. 专用更换机换油法

向专用更换机内加入一定量的新油液，新油液通过进油管泵入自动变速器；再从放油管抽出旧油液，旧油液输入专用更换机后被机油滤清器过滤，然后又泵回自动变速器。这样不断循环地对自动变速器进行冲洗，冲洗完成后将旧油液抽出，将新油液泵入，整个过程大约需要1 h，所需自动变速器油液为12 L。

这种换油方式的优点是换油比较彻底，能够排出85%以上的旧油液，而且可以把自动变速器内部的油垢和金属屑清洗干净。通过专用更换机更换油液的周期可以达到每40 000 ~ 60 000 km更换一次。缺点是需要专用设备，耗费工时较多。

专用更换机换油法的操作步骤如下：

（1）将车辆水平停放在举升机上，举升车辆，拆下发动机下护板和变速箱护板。

（2）将废油装置置于车辆下方，戴上护目镜，拆下变速器检查螺栓（放油孔塞），排放自动变速器油。使用专用工具钩出油位管，继续排放自动变速器油，更换油位管并安装到位。

（3）拆下油底壳，放出更多的自动变速器油。清洗油底壳，更换变速器滤清器，更换密封垫，安装油底壳。

（4）将专用更换机的注油管和放油管分别与自动变速器散热器的注油管和放油管连接，或者分别连接到自动变速器的放油孔和注油孔上。

（5）启动车辆，启动专用更换机，调节其油压并开始工作。可从玻璃视窗观察新油和旧油的循环过程，新油红色透明，旧油发黑且无光泽。

（6）专用更换机开始工作时，踩下制动踏板，轮流切换自动变速器各个挡位，使变速箱内部的旧油液全部循环流出。

（7）当旧油视窗上显示的颜色变为红色透明时，自动变速器换油完毕；然后着车怠速运转，使变速器各个挡位轮流运行；再在着车状态下打开观察孔螺栓，将多余的油液放出，避免油液液位过高。

二、任务准备

在下列图片中勾选出完成本任务所需的工具、设备、资料等。

常用工具套装	工具车	吹尘枪
	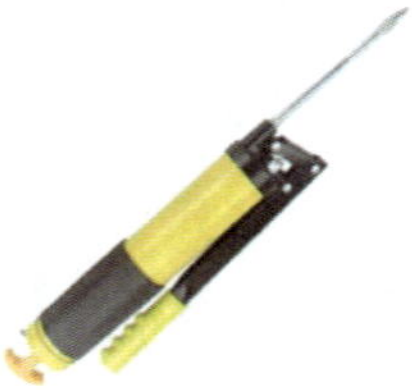	
压缩空气气带	黄油枪	配件车
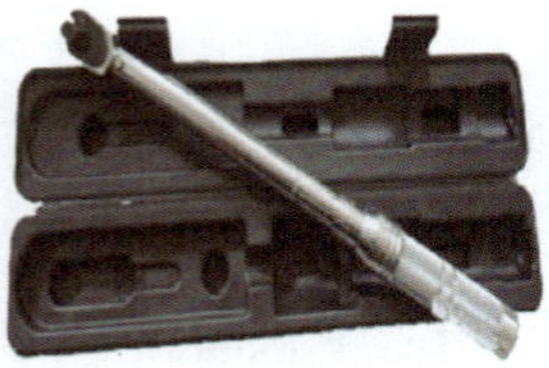	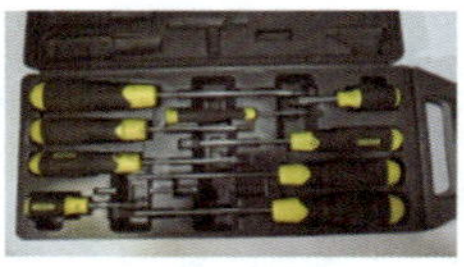	
扭力扳手	旋具套餐	自动变速器油专用更换机

			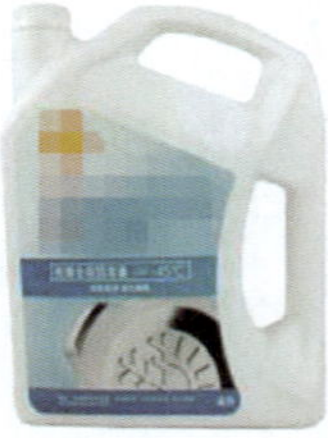
空气滤清器滤芯	润滑脂	玻璃清洗液	冷却液

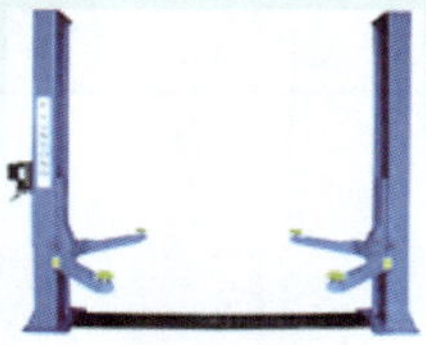		
举升机	实训车辆	自动变速器油

三、防护措施

1. 进入车间应穿工鞋，戴工帽；工作服应整洁，无破损；操作时不可佩戴手表等金属饰品，以防划伤车辆表面。
2. 使用举升机时，应遵守操作规范并注意人身安全。
3. 使用自动变速器油专用更换机时，应遵守设备操作安全规范。

四、任务分配（表 8-2）

表 8-2 任务分配

职务	组号	成员	姓名	工作内容
组长	1	技师A		
组员		技师B		
	2	技师C		
		技师D		
	3	技师E		
		技师F		

五、任务实施

（一）操作流程

为表8-3中的操作步骤排序，并将每一步骤的操作人员填入表中。

表 8–3 更换自动变速器油（捷达 01M）的操作步骤

操作人员	操作步骤	操作内容
		重新检查自动变速器油液面高度
		整理工具，清理场地
		使用内六角扳手拆卸观察孔螺栓，观察是否有油液流出。若有油液流出，则表明油量正常，安装并紧固观察孔螺栓；否则需添加自动变速器油
		拆下油底壳上的溢流孔检查螺栓
		拆下溢流口内的溢流管，放掉自动变速器油
		安装车辆防护工具
		查阅相关资料，确定自动变速器的位置
		检查自动变速器外壳有无裂缝，油底壳有无托底变形，壳体下方有无油液渗漏
		通过注油孔加入3~5 L的自动变速器油，启动发动机并在车辆静止状态下将所有挡位都试挂一次
		在车内接入诊断仪并启动发动机，依次选择“自动变速器电控”“测量值”“第4组第1区”，观察油温变化，在油温为35~45 ℃时进行油液检查
		拆下油底壳，更换滑阀箱下的自动变速器滤清器
		装上油底壳及溢流管，用手紧固溢流孔检查螺栓

（二）实施记录

结合实施过程，对照表8-4中的检查项目，填写检查结果。

表 8–4 实施记录

序号	检查项目	检查结果	备注
1	自动变速器外壳	裂缝 □　变形 □　漏油 □	
2	自动变速器油液面高度	正常 □　不正常 □	
3	自动变速器油液颜色	正常 □　不正常 □	
4	拆装溢流孔检查螺栓	紧固力矩：________ N·m	
5	是否更换新的自动变速器滤清器	是 □　否 □	
6	拆装自动变速器滤清器	紧固力矩：________ N·m	

六、检查

（一）自检

结合本组任务操作过程，对任务执行过程中的操作规范性进行检查，检查是否存在以下问题，分析、讨论应如何避免并总结规范的操作方法（表8-5）。

表 8–5　　自检

检查项目	检查结果
车辆停放位置是否合适，是否已将变速器置于空挡并拉紧驻车制动器	是 □　否 □
是否已使用三件套对车辆进行防护	是 □　否 □
是否按规范操作举升机，是否注意人身安全	是 □　否 □
更换自动变速器油时，是否遗漏操作步骤	是 □　否 □
系统故障是否已排除	是 □　否 □
工作场地是否清洁，车辆是否已复位	是 □　否 □

（二）互检

小组之间相互进行任务操作过程及结果检查，并将检查结果填写在表8-6中。

表 8–6　　互检

检查项目	检查结果
车辆停放位置是否已合适，是否已将变速器置于空挡并拉紧驻车制动器	是 □　否 □
是否已使用三件套对车辆进行防护	是 □　否 □
是否按规范操作举升机，是否注意人身安全	是 □　否 □
更换自动变速器油时，是否遗漏操作步骤	是 □　否 □
系统故障是否已排除	是 □　否 □
工作场地是否清洁，车辆是否已复位	是 □　否 □

七、课堂小结

____

____

____

微课动画　实操视频

任务九 制动液的更换

<table>
<tr><th colspan="4">制动液的更换任务工单</th></tr>
<tr><td>客户信息</td><td>姓名</td><td colspan="2">电话</td></tr>
<tr><td rowspan="2">车辆信息</td><td>车型</td><td>VIN</td><td>行驶里程</td></tr>
<tr><td></td><td></td><td></td></tr>
<tr><td>保养项目</td><td colspan="3">5 000 km首次保养 □　　每10 000 km或2年保养□
每20 000 km或2年保养 □　　每60 000 km或4年保养□
其他项目：
______
______
______</td></tr>
</table>

<table>
<tr><th colspan="2">车辆外观检查</th><th colspan="2">车辆内部检查</th></tr>
<tr><td>凹凸 □</td><td rowspan="4">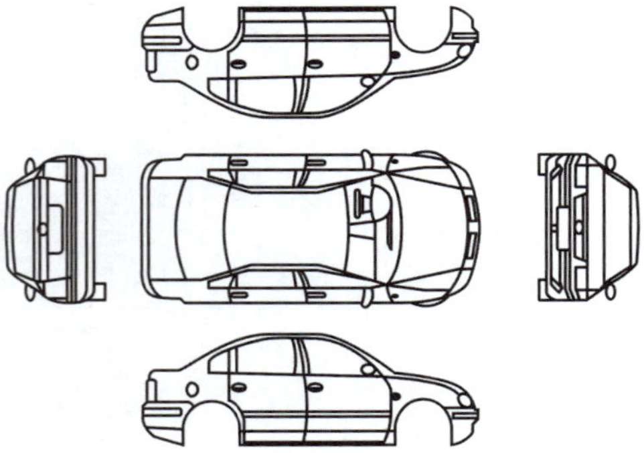</td><td>污渍 □</td><td rowspan="4">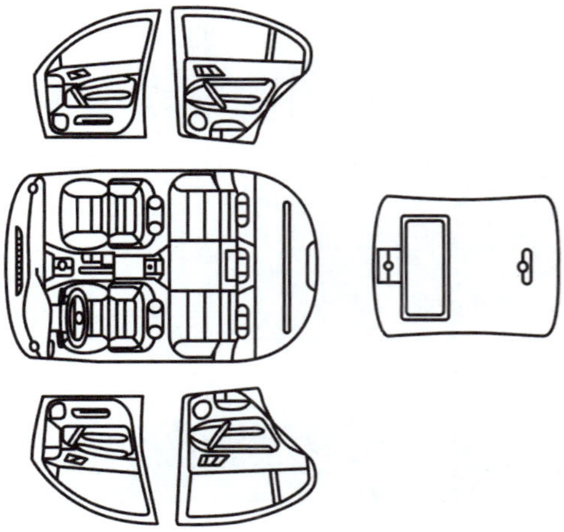</td></tr>
<tr><td>划痕 □</td><td>破损 □</td></tr>
<tr><td>石击 □</td><td>色斑 □</td></tr>
<tr><td>油漆 □</td><td>变形 □</td></tr>
<tr><td>明确具体工作任务</td><td colspan="3">______
______
______</td></tr>
</table>

任务目标

- 能够选用合适的制动液
- 能够完成制动液检查、添加、更换工作
- 能够对制动系统进行排气
- 能够正确填写维修工单

任务内容

- 制动液的更换周期
- 制动液液位和质量的检查方法
- 制动液的选用原则
- 制动液的更换方法与制动系统排气方法

任务重点

- 制动液的选用原则
- 制动液的检查方法
- 制动液的更换方法与制动系统排气方法

一、知识讲解

（一）制动液的选用原则

1. 尽量购买长期为汽车厂商提供配套制动液的生产厂家的产品，确保质量可靠，性能稳定。

2. 尽量到具有资质的大型销售场所购买制动液，以防买到假冒伪劣产品。

3. 在种类选择上，最好购买合成制动液，不要购买已淘汰的醇型制动液。

4. 制动液级别越高，其安全保障性越好。

（二）制动液的检查、添加、更换周期

1. 5 000 km首保及以后每7 500 km定期保养时，应检查制动液液面高度。

2. 车辆正常行驶40 000 km或制动液使用超过2年，应及时更换。

3. 车辆在正常行驶中，当出现制动忽轻忽重时，要对制动液进行更换，在更换之前先用酒精将制动系统清洗干净。

4. 车辆制动出现跑偏时，要对制动系统进行全面检查。若制动分泵皮碗膨胀过大，则制动液质量可能存在问题，应更换质量较好的制动液，同时更换制动分泵皮碗。

5. 换季时（尤其进入冬季），若车辆制动效果下降，则制动液的级别可能与气候不匹配，应更换制动液，尽量选择低温下黏度偏小的制动液。

6. 若发现制动液中混入水分、杂质或沉淀物，则制动液已变质，应及时更换。

（三）制动液的检查和补充方法

1. 准备工作

（1）三人操作：一名技师负责放制动液，一名技师负责踩下制动踏板，一名技师负责添加新制动液。

（2）更换制动液前需拔掉制动灯的熔丝，保证踩下制动踏板时制动灯不亮。

（3）准备1根长度为50 cm，内径为6 mm左右的透明塑料软管和1个有容量标记的透明塑料瓶。更换制动液时，将透明塑料软管一头插在制动分泵放油口，另一头插在透明塑料瓶中，避免废制动液飞溅，同时观察更换量。

（4）准备1～2瓶新制动液。正常制动系统的制动液不会泄漏，制动液液面高度只会随制动摩擦片逐渐磨薄而下降。

（5）准备1个10 mm梅花扳手。

2. 操作步骤

（1）将车辆用举升机举起。

（2）一名技师在车下，摘掉放油口上的橡胶防尘帽，将透明塑料软管两端分别接在放油口和制动液收集瓶（透明塑料瓶）中。

（3）用扳手沿逆时针方向松开放油口螺塞，同时车上的技师反复踩下制动踏板，此时制动液会从放油口喷出。注意观察制动液储液罐内的液面高度，要随着液面下降添加新的制动液，待喷出的制动液清亮后拧紧放油口螺塞。

（4）车上的技师反复踩下制动踏板，到最高点时不要松脚。车下的技师松开放油口螺塞，待制动液喷净后将其拧紧并通知车上的技师松开制动踏板。以上操作反复数次，直到放出的制动液中无气泡为止。

（5）排气结束后，将制动液补充到规定的液面高度。

（四）大众迈腾轿车制动液液位检查和加注步骤

1. 制动液液位的检查步骤

（1）进行汽车移交检查时，制动液液位必须在MAX（最高）标线处。

（2）在常规保养时检查制动液液位，当制动摩擦片即将达到磨损极限时，制动液液位应不低于MIN（最低）标线；当制动摩擦片是新的或者远未达到磨损极限时，制动液液位应位于MAX和MIN标线之间。

2. 制动液的加注步骤

（1）从制动液储液罐上拧下密封盖。

（2）用制动液加注和排气设备的吸油管从储液罐内抽出尽可能多的制动液。

（3）将适配接头安装在制动液储液罐上。

（4）将制动踏板加载器放到驾驶员座椅和制动踏板之间，并将其预紧。

（5）将制动液加注和排气设备的加注软管连接到适配接头上。

（6）将两个车轮从后轴上拆下，以便接触排气螺栓。拔下制动分泵排气螺栓的防尘帽。

（7）将制动液收集瓶的排气软管插在右后排气螺栓上，松开排气螺栓，放出相应量的制动液，再拧上排气螺栓。

（8）在汽车左后侧重复上一步操作，将制动液收集瓶的排气软管插到左后排气螺栓上，松开排气螺栓，放出相应量的制动液，再拧上排气螺栓。

（9）在车辆前部右侧重复上一步操作。

（10）将防尘帽插到排气螺栓上，将制动液加注和排气设备的加注杆置于“B”位置，将加注软管从适配接头上取下。

（11）拧下制动液储液罐上的适配接头，检查制动液液位，必要时予以纠正，拧上制动液储液罐密封盖。

（12）拆下制动踏板加载器，检查踏板压力和制动踏板的空行程（最大为踏板行程的1/3）。

3. 具有手动变速箱的汽车制动液的加注步骤

（1）拆下空气滤清器壳体。

（2）将排气软管插入离合器蓄能缸的排气阀。

（3）打开阀门，放出约100 mL的制动液。

（4）关闭阀门，快速、连续地踩下离合器踏板10～15次。

（5）打开阀门，放出约50 mL的制动液。

（6）关闭阀门，取下排气软管，并踩下离合器踏板多次。

（7）安装空气滤清器壳体。

4. 注意事项

（1）切勿将制动液与含矿物油的液体（机油、汽油、清洁剂等）混合，因为矿物油会损坏制动装置的密封件和密封套。

（2）制动液有毒且具有腐蚀性，应尽量避免与制动液直接接触。

（3）制动液具有吸湿性，必须保存在密闭容器中。

（4）如果制动液发生溢出，要用大量的水冲洗。

（5）迈腾轿车仅可以使用新的制动液，旧的制动液不能加入制动系统中。

（6）从制动液加注和排气设备吸出的制动液不得再使用。

（7）使用合适的排气软管，必须将其牢固地插在排气螺栓上，以免空气进入制动系统。

二、任务准备

在下列图片中勾选出完成本任务所需的工具、设备、资料等。

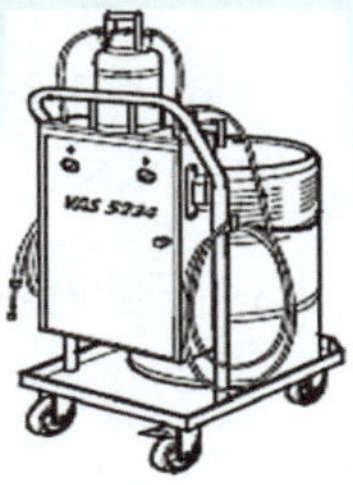	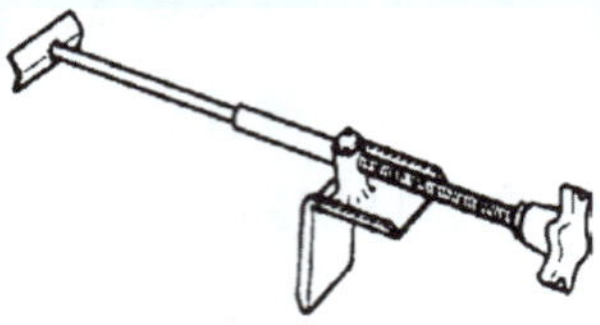	
制动液加注和排气设备（VAS 5234）	制动踏板加载器（VAG 1869）	抹布
	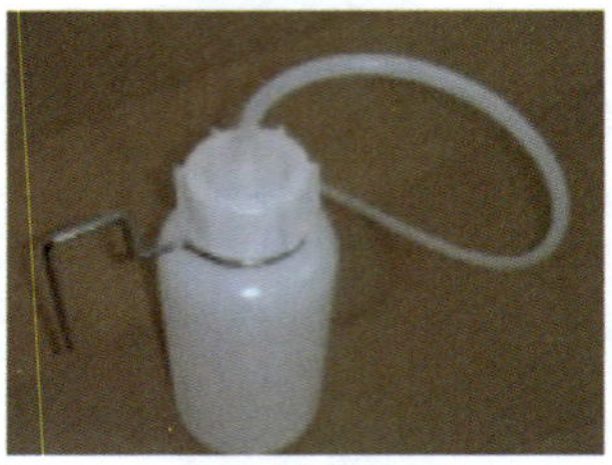	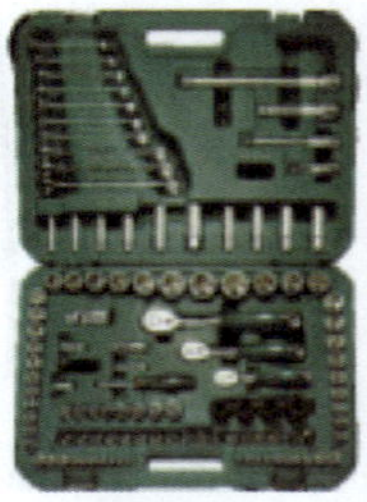
翼子板布	制动液收集瓶	常用工具套装
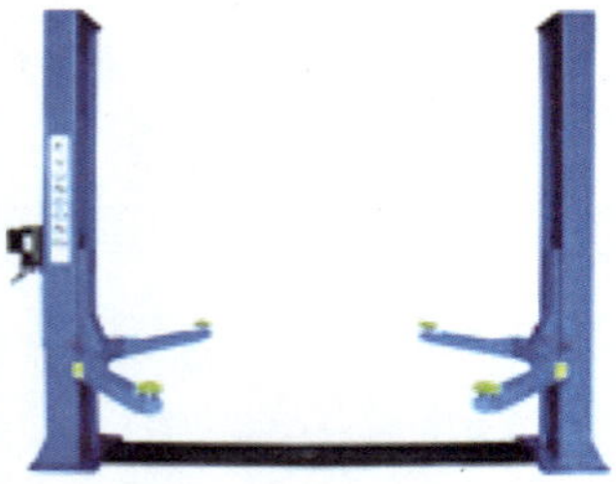		
举升机	实训车辆	制动液

三、防护措施

1. 进入车间应穿工鞋，戴工帽；工作服应整洁，无破损；操作时不可佩戴手表等金属饰品，以防划伤车辆表面。

2. 使用举升机时，应遵守操作规范并注意人身安全。

3. 制动液具有腐蚀性，更换时应规范操作。

四、任务分配（表 9-1）

表 9-1 任务分配

职务	组号	成员	姓名	工作内容
组长	1	技师A		
组员		技师B		
	2	技师C		
		技师D		
	3	技师E		
		技师F		

五、任务实施

（一）操作流程

分别为表 9-2~表 9-4 中的操作步骤排序。

表 9-2 安全防护及车辆准备操作步骤

操作步骤	工作内容
	铺设三件套
	打开发动机舱盖，铺设翼子板布
	在合适位置摆放举升臂
	拆卸轮胎

表 9-3 更换制动液及排气的操作步骤

操作步骤	工作内容
	打开制动液储液罐密封盖，使用抽油器将制动液抽净，并加入新的制动液至MAX标线处
	将车辆举升至合适高度，并挂上保险
	取下右后轮制动分泵排气螺栓上的防尘帽，并将 10 mm 梅花扳手装在排气螺栓上，然后将制动液收集瓶的排气软管插到制动分泵的排气螺栓上
	车内技师踩下制动踏板，反复几次后踩住不动，此时车外技师使用梅花扳手松开排气螺栓，将制动液排放到制动液收集瓶中，然后拧紧排气螺栓

续表

操作步骤	工作内容
	重复上述步骤，直至有新的制动液流出并且无气泡产生为止，再拧紧排气螺栓。取下排气螺栓上的排气软管及梅花扳手，并装上防尘帽
	将车辆降下，加注制动液。在执行制动分泵排气时，始终保持液面在制动液储液罐MAX标线处，避免空气进入制动系统
	按照上述步骤，依次完成左后、右前、左前轮的更换制动液及排气工作，更换制动液的顺序应以各制动分泵距离制动总泵的远近作为参考

表 9–4　　清理与检查制动液的操作步骤

操作步骤	工作内容
	将制动液加注至储液罐MAX标线处，并拧紧储液罐密封盖
	举升车辆，使用清洗剂清洁各制动分泵排气螺栓上的油迹
	反复踩下制动踏板，检查各制动分泵是否漏油
	安装各轮胎并按规定力矩110 N·m紧固螺栓，安装轮胎螺栓装饰盖，将专用工具放回行李舱，关闭行李舱门
	撤去翼子板布并关闭发动机舱盖，拆下三件套，整理工具并清理现场

（二）实施记录

结合实施过程，对照表9-5中的检查项目，填写检查结果。

表 9–5　　实施记录

实施步骤	检查项目	检查结果
1	制动系统排气操作是否正确	是 □　否 □
2	各个制动分泵的排气顺序是否正确	是 □　否 □
3	制动液液面高度是否正确	是 □　否 □
4	各制动分泵处是否漏油	是 □　否 □

六、检查

（一）自检

结合本组任务操作过程，对任务执行过程中的操作规范性进行检查，检查是否存在以下问题，分析、讨论应如何避免并总结规范的操作方法（表9-6）。

表 9–6　　自检

检查项目	检查结果	
车辆停放位置是否合适，是否已将变速器置于空挡并拉紧驻车制动器	是 □	否 □
是否使用三件套对车辆进行防护	是 □	否 □
是否注意人身安全	是 □	否 □
制动系统排气操作是否正确	是 □	否 □
工具、配件是否已归位	是 □	否 □
工作场地是否清洁，车辆是否已复位	是 □	否 □

（二）互检

小组之间相互进行任务操作过程及结果检查，并将检查结果填写在表9-7中。

表 9–7　　互检

检查项目	检查结果	
车辆停放位置是否合适，是否已将变速器置于空挡并拉紧驻车制动器	是 □	否 □
是否使用三件套对车辆进行防护	是 □	否 □
是否注意人身安全	是 □	否 □
制动系统排气操作是否正确	是 □	否 □
工具、配件是否已归位	是 □	否 □
工作场地是否清洁，车辆是否已复位	是 □	否 □

七、课堂小结

微课动画

实操视频

任务十 制动片的更换

<table>
<tr><th colspan="6">制动片的更换任务工单</th></tr>
<tr><td>客户信息</td><td colspan="2">姓名</td><td colspan="3">电话</td></tr>
<tr><td rowspan="2">车辆信息</td><td>车型</td><td colspan="3">VIN</td><td>行驶里程</td></tr>
<tr><td></td><td colspan="3"></td><td></td></tr>
<tr><td>保养项目</td><td colspan="5">5 000 km首次保养 □　　每10 000 km或2年保养 □
每20 000 km或2年保养 □　　每60 000 km或4年保养 □
其他项目：
____
____
________________</td></tr>
<tr><th colspan="2">车辆外观检查</th><th colspan="4">车辆内部检查</th></tr>
<tr><td>凹凸 □</td><td rowspan="4">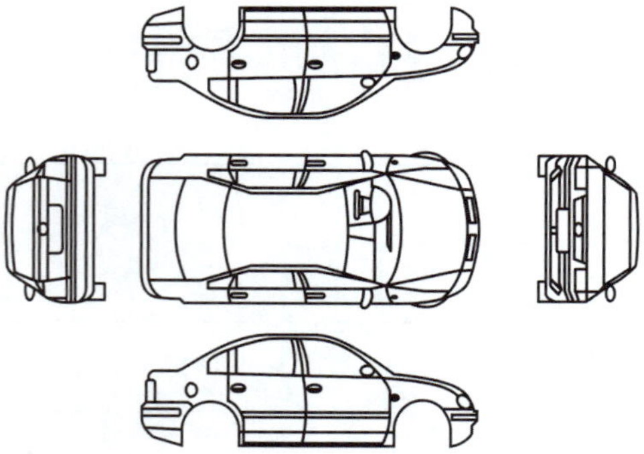</td><td colspan="2">污渍 □</td><td colspan="2" rowspan="4">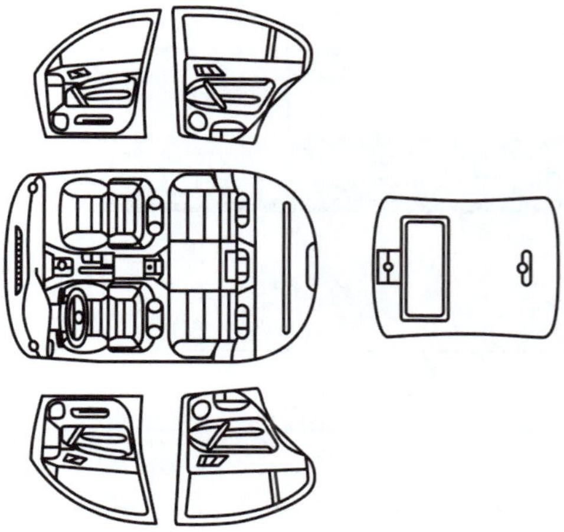</td></tr>
<tr><td>划痕 □</td><td colspan="2">破损 □</td></tr>
<tr><td>石击 □</td><td colspan="2">色斑 □</td></tr>
<tr><td>油漆 □</td><td colspan="2">变形 □</td></tr>
<tr><td>明确具体工作任务</td><td colspan="5">________________
____
________________</td></tr>
</table>

任务目标

- 能够完成制动片的检查工作
- 能够完成制动片的更换工作
- 能够正确填写维修工单

任务内容

- 制动片的更换周期
- 制动片的检查方法
- 制动片的拆装步骤与更换方法

任务重点

- 制动片的检查方法
- 制动片的更换方法

一、知识讲解

（一）制动片的检查与更换周期

车辆在5 000 km首保或每10 000 km定期保养时，应对制动片进行检查或更换。

（二）钳盘式制动器的检查步骤与方法

1. 作业前的准备工作

（1）车辆进入工位前先清洁工位，准备好相关的工具、量具及材料。

（2）将待检车辆停驻在举升机中央位置，安装转向盘套、座椅套、变速器手柄套、脚垫等。

（3）拉紧驻车制动器，并将手动变速器置于空挡，将自动变速器置于N挡。

（4）支起发动机舱盖，铺设三件套和翼子板布。

2. 钳盘式制动器的拆装及检查

（1）拆下全封闭装饰罩，将拆卸钩插入车轮中心装饰盖，拔出车轮螺栓上的装饰盖。

（2）使用车轮螺栓适配组件和扭力扳手，按交叉对角顺序拧松车轮固定螺栓。

（3）在确保车辆固定的情况下举升车辆至合适高度，然后将举升机保险落锁，拆卸前车轮。

（4）拧下制动卡钳滑销螺栓，用一字旋具推开制动钳体，向上翻开制动卡钳（制动钳体需用挂钩挂好），拆卸制动片。

（5）用干净的抹布清洁制动片表面，检查两制动片有无异常磨损。

（6）测量制动片的厚度，如果制动片厚度小于2 mm（不带背板），应予以更换。

（7）检查制动轮缸活塞处（制动钳体需用挂钩挂好）是否漏油，检查制动油管接头、制动软管接头是否有渗漏。

（8）用外径千分尺在距离制动盘边缘10 mm处，每间隔120°测量制动盘的厚度，共测3次，得到

3个数据，取数据中的最小值，当数据不符合要求（标准厚度为10 mm，磨损后允许最小厚度为8 mm）时，需更换制动盘。使用百分表检测制动盘最大径向圆跳动是否超过规定范围，如超过规定范围应更换制动盘。

（9）安装新的制动片，用制动轮缸活塞压缩钳将其压入制动轮缸活塞，把制动卡钳翻回来，旋入制动卡钳滑销螺栓（必须涂防松胶），并用27 N·m的力矩将其紧固；安装车轮，旋入车轮固定螺栓，将车辆降至地面，拧紧车轮固定螺栓，紧固力矩为120 N·m；启动发动机，连续踩下制动踏板多次，恢复制动片与制动盘之间的间隙。

（10）整理工具、量具，收回三件套，清理现场。

3. 大众迈腾轿车制动片的更换及设定方法

（1）连接诊断仪。

（2）打开点火开关。

（3）选择“驻车制动”。

（4）选择“系统基本调整”。

（5）输入匹配值“007”。

（6）拆卸轮胎，更换两后车轮的制动片。

（7）选择“系统基本调整”。

（8）输入匹配值“006”。

（9）清除故障码，关闭点火开关。

（10）完成，退出软件。

（三）鼓式制动器的检查步骤与方法

1. 在举升机上将车辆举升到合适的高度，然后将其固定，拆卸两后车轮。

2. 拆卸ABS传感器。

3. 拆卸并检查制动鼓，确认其磨损是否超限（内圆直径标准值为200 mm，极限值为201 mm；摩擦表面径向圆跳动极限值为0.05 mm；车轮端面圆跳动极限值为0.20 mm），如果超限，应更换新件。

4. 拆卸左右两侧弹簧锁销，拆卸下面回位弹簧，拆卸自动调整锁销弹簧，拉出自动调整锁销，检查各弹簧的张力。

5. 拆下驻车制动器拉绳。

6. 取出左右制动片，检查制动片厚度（标准值为5 mm，极限值为2.5 mm），如果超限，应更换新件。

7. 检查后制动分泵是否损坏、漏油。

8. 用抹布清洁所有零件表面，按与拆卸相反的顺序进行安装，恢复后轮鼓式制动器（安装时制动器楔形块上凸点朝向制动底板的方向，需要润滑轴承）。

（四）驻车制动器的检查方法及调整步骤

1. 机械式驻车制动器工作性能的检查

（1）将车辆举升到合适的高度，检查驻车制动器拉绳软轴在车身下有无移位或磨损现象。如磨损严重，需要更换拉绳软轴；如有移位，则需要进行复位。

（2）将车辆降低到离地面约20 cm的高度，使车轮悬空。

（3）进入驾驶室，按下驻车制动器拉杆前端的按钮，解除驻车制动器的制动作用，连续踩下制动踏板10次，然后彻底放松制动踏板，转动各车轮，检查是否有卡滞现象。若车轮有卡滞现象，则制动器复位功能不良，应将其拆卸并检修。

（4）缓慢拉紧驻车制动器拉杆，检查驻车制动器棘爪的锁止性能，应听到“咔”声响。

（5）按下驻车制动器拉杆前端的按钮，检查按钮性能和解除锁止性能。

（6）打开点火开关，拉紧或放松驻车制动器拉杆，检查仪表板上驻车制动器指示灯是否相应地亮起或熄灭，检查驻车制动器开关是否损坏。

2. 机械式驻车制动器的调整步骤

（1）拉起驻车制动器拉杆，听到4声“咔”声响时停止；将车辆举升到离地面约20cm的高度，使车轮悬空；用手分别转动两后车轮，如车轮能转动，则驻车制动器工作性能不良，需检查并调整。

（2）拆卸驻车制动器拉杆周围的中央控制台及装饰件。

（3）拉紧、放松驻车制动器拉杆10次，并锁止在4齿处（听到4声“咔”声响），用13 mm呆扳手拧紧调整螺母，直到后车轮不能转动为止。

（4）放松、拉紧驻车制动器拉杆4 ~ 5次，并锁止在4齿处，检查后车轮是否可以转动。

（5）松开驻车制动器拉杆，检查后车轮是否可以转动。

（6）重复（3）~（5）操作步骤，直到驻车制动器调整合格为止。

（7）装上驻车制动器拉杆周围的装饰件。整理工具，收回三件套，清理现场。

（五）电控机械式驻车制动器

1. 电控机械式驻车制动器的组成

电控机械式驻车制动器（EPB）主要由电控机械式驻车制动器按钮、AUTO HOLD（自动保持）按钮、离合器位置传感器、控制单元、后轮制动执行器、ABS控制单元、故障指示灯、制动装置指示灯、AUTO HOLD指示灯等组成，如图10-1所示。

2. 电控机械式驻车制动器的工作过程

当驻车制动时，EPB按钮被按下，操作信号反馈至电控单元，电控单元控制电动机和行星齿轮减速机构工作，对左右后制动钳实施制动。

控制单元通过一条专用的CAN数据总线与ABS控制单元相连接，数据通过CAN高电平导线和CAN低电平导线进行传输。

3. 电控机械式驻车制动器的使用功能

（1）静态结合。当驾驶员按下EPB开关时，后轮制动执行器为驻车制动器提供足够的力，以便使车辆能够停在坡度为30°的斜坡上。

（2）静态释放。将点火开关置于ON位置，踩住制动踏板并按下EPB开关，电子驻车制动器被释放。

（3）动态制动。在车辆行驶过程中，当EPB开关被按下时，后轮制动执行器将根据车速做出不同反应，当车速大于7 km/h时，将由控制单元提供相应的制动，EPB不工作；当车速小于7 km/h时，EPB将提供100%的制动力。

（4）起步控制。当系统监测到驾驶员即将起步（包括车辆坡道起步）时，将自动释放电子驻车制动器。

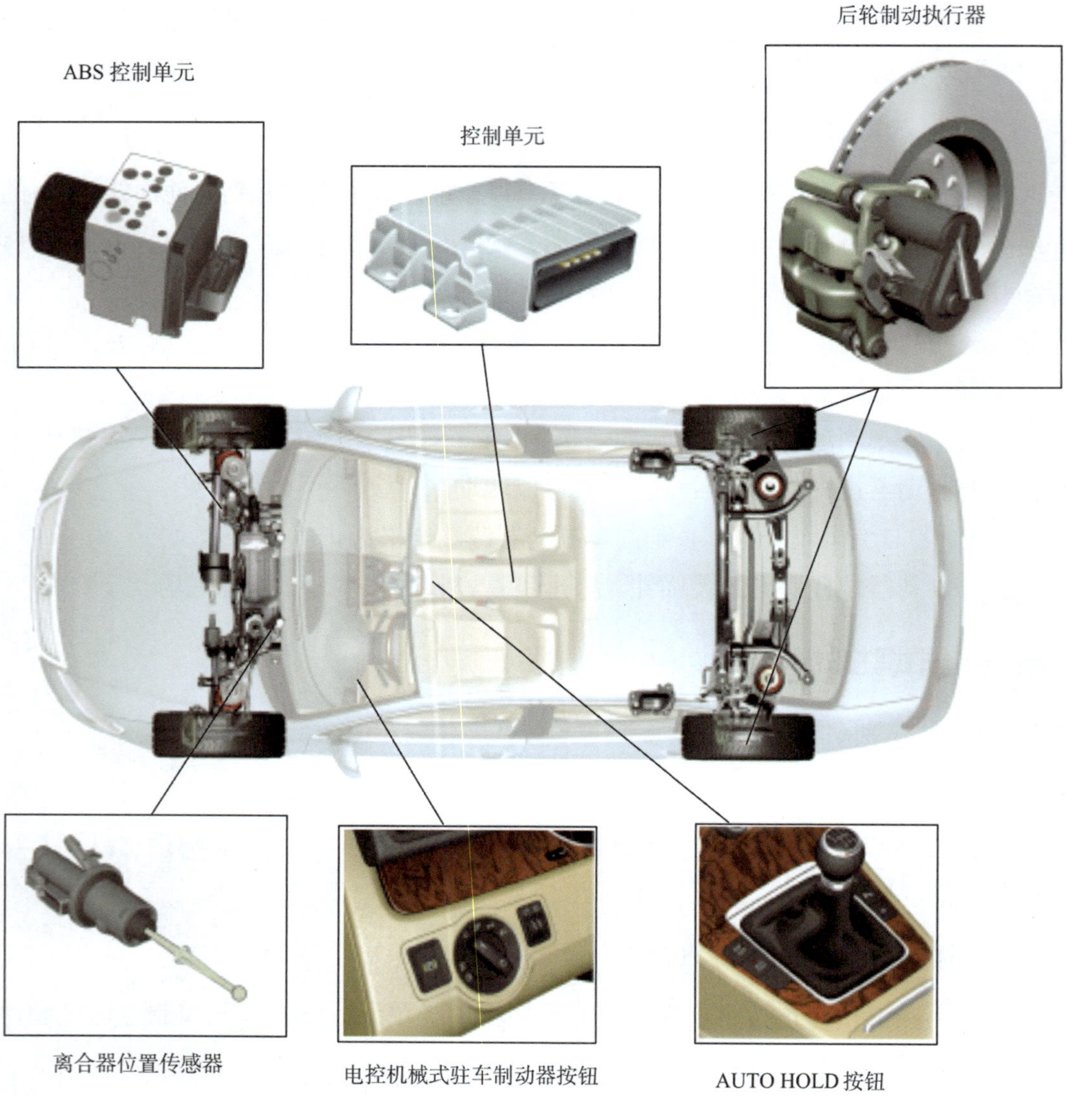

图 10-1 电控机械式驻车制动器的组成

二、任务准备

在下列图片中勾选出完成本任务所需的工具、设备、资料等。

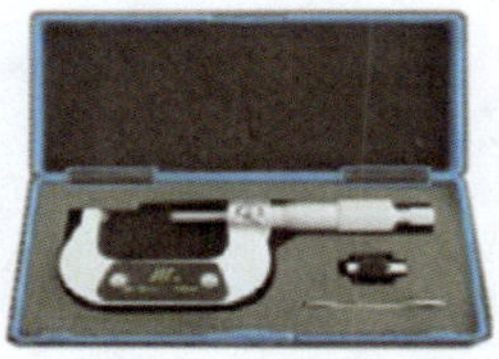	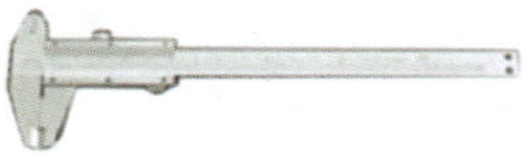		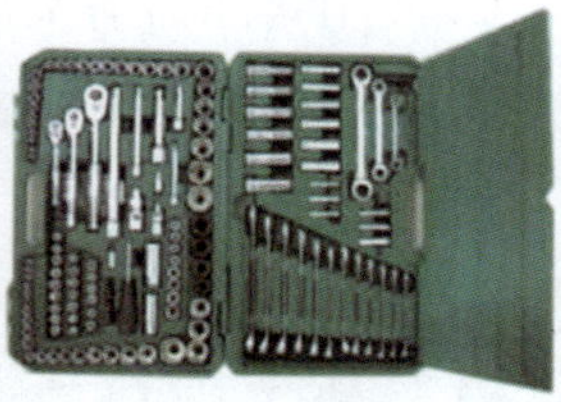
千分尺	游标卡尺	磁力表座	组合工具

车轮螺栓适配组件	百分表	制动轮缸活塞压缩钳	扭力扳手
		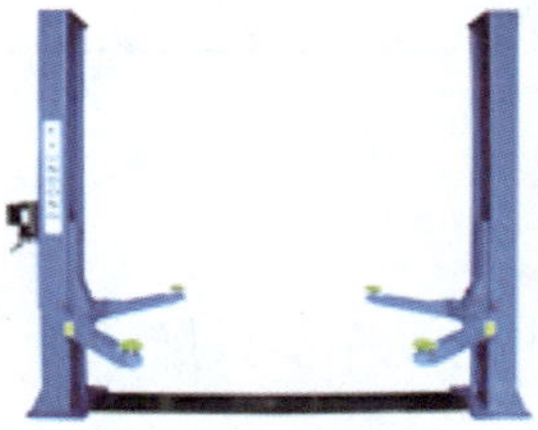	
翼子板布	抹布	举升机	实训车辆

制动零件专用清洁剂		制动零件专用防松胶	

三、防护措施

1. 进入车间应穿工鞋，戴工帽；工作服应整洁，无破损；操作时不可佩戴手表等金属饰品，以防划伤车辆表面。

2. 使用化油器清洗剂时，应注意防火安全及人身安全。

3. 使用喷油器清洗机时，应遵守设备操作安全规范。

四、任务分配（表 10-1）

表 10-1　任务分配

职务	组号	成员	姓名	工作内容
组长	1	技师 A		
组员		技师 B		
	2	技师 C		
		技师 D		
	3	技师 E		
		技师 F		

五、任务实施

（一）操作流程

分别为表 10-2~表 10-6 中的操作步骤排序。

表 10-2　安全防护及车辆准备的操作步骤

操作步骤	工作内容
	铺设三件套
	在合适位置摆放举升臂
	举升车辆至距离地面约 20 cm，检查举升臂与车辆的相对位置，若位置存在偏差，则降下车辆并重新摆放举升臂
	将车辆举升至合适高度并挂上保险

表 10-3　拆卸前制动片和制动盘的操作步骤

操作步骤	工作内容
	拆卸轮胎
	使用一字旋具将制动分泵回位弹簧及导向杆防尘帽取下
	使用一字旋具轻微撬动制动分泵，并断开制动片报警器插接器
	使用7 mm内六角扳手拆卸导向杆固定螺栓
	取下制动分泵和制动片
	使用21 mm套管拆卸制动分泵支架固定螺栓，并取下制动分泵支架
	使用T30扳手拆卸制动盘固定螺栓，并取下制动盘

表 10-4　安装前制动片和制动盘的操作步骤

操作步骤	工作内容
	将制动盘安装至法兰盘上，并安装固定螺栓
	安装制动分泵支架，并使用21 mm套管紧固螺栓
	使用专用工具将制动分泵活塞顶至原位
	将制动片安装在制动分泵支架卡槽中，将带有传感器的制动片安装在制动分泵活塞上
	将制动分泵安装在制动分泵支架上，使用7 mm内六角扳手紧固导向杆固定螺栓
	连接制动片报警器插接器，并安装导向杆防尘帽及回位弹簧
	安装轮胎及螺栓，螺栓紧固力矩为110 N·m，安装轮胎螺栓装饰盖
	将专用工具放回行李舱，关闭行李舱门
	反复踩下制动踏板，直至感觉阻力明显增大为止
	拆下三件套，整理工具，清理现场

表 10-5　拆卸后制动片和制动盘的操作步骤

操作步骤	工作内容
	拆卸轮胎
	打开点火开关，踩下制动踏板，释放电子驻车制动器

续表

操作步骤	工作内容
	连接诊断仪，进行“自诊断”，依次选择“停车制动器”“基本设置”，选择通道7，使电子驻车制动器电动机回位，并关闭点火开关
	使用13 mm套管与15 mm呆扳手拆卸制动分泵导向杆固定螺栓
	取下制动分泵及制动片
	使用14 mm内六角扳手拆卸制动分泵支架固定螺栓，并取下制动分泵支架
	使用T30扳手拆卸制动盘固定螺栓，并取下制动盘

表10–6　安装后制动片和制动盘的操作步骤

操作步骤	工作内容
	将制动盘安装至法兰盘上，并安装固定螺栓
	安装制动分泵支架，并使用14 mm内六角扳手紧固螺栓
	使用专用工具将制动分泵活塞顶至原位
	更换新的制动分泵支架滑轨衬片，将制动片安装在滑轨衬片卡槽中
	将制动分泵安装在制动分泵支架上，使用13 mm套管与15 mm呆扳手紧固制动分泵导向杆固定螺栓
	打开点火开关，连接诊断仪，进行“自诊断”，依次选择“停车制动器”“基本设置”，选择通道6，使电子驻车制动器电动机自行运转；选择通道10，使电子驻车制动器电动机再次自动运转，完成初始设定
	安装轮胎及螺栓，螺栓紧固力矩为110 N·m，安装轮胎螺栓装饰盖
	将专用工具放回行李舱，关闭行李舱门
	反复踩下制动踏板，直至感觉阻力明显增大为止
	拆下三件套，整理工具，清理现场

（二）实施记录

结合实施过程，对照表10-7、表10-8中的检查项目，填写检查结果。

表10–7　前制动片和制动盘的检查结果

实施步骤	检查项目	检查结果
1	制动片	

续表

实施步骤	检查项目	检查结果
2	制动盘	
3	制动分泵活塞回位情况	
4	制动片报警器插接器	
5	车轮固定螺栓紧固力矩	

表 10-8　　后制动片和制动盘的检查结果

实施步骤	检查项目	检查结果
1	电子驻车制动器电动机的回位情况	
2	制动片	
3	制动盘	
4	制动分泵活塞回位情况	
5	电子驻车制动器电动机的初始化情况	
6	车轮固定螺栓紧固力矩	

六、检查

（一）自检

结合本组任务操作过程，对任务执行过程中的操作规范性进行检查，检查是否存在以下问题，分析、讨论应如何避免并总结规范的操作方法（表10-9）。

表 10-9　　自检

检查项目	检查结果
车辆停放位置是否合适，是否已将变速器置于空挡并拉紧驻车制动器	是 □　　否 □
是否使用三件套对车辆进行防护	是 □　　否 □
是否注意人身安全	是 □　　否 □
更换前制动片和制动盘的操作是否有漏项	是 □　　否 □
更换后制动片和制动盘的操作是否有漏项	是 □　　否 □

续表

检查项目	检查结果
工具、配件是否已归位	是 □　　否 □
工作场地是否清洁，车辆是否已复位	是 □　　否 □

（二）互检

小组之间相互进行任务操作过程及结果检查，并将检查结果填写在表10-10中。

表 10–10　　互检

检查项目	检查结果
车辆停放位置是否合适，是否已将变速器置于空挡并拉紧驻车制动器	是 □　　否 □
是否使用三件套对车辆进行防护	是 □　　否 □
是否注意人身安全	是 □　　否 □
更换前制动片和制动盘的操作是否有漏项	是 □　　否 □
更换后制动片和制动盘的操作是否有漏项	是 □　　否 □
工具、配件是否已归位	是 □　　否 □
工作场地是否清洁，车辆是否已复位	是 □　　否 □

七、课堂小结

微课动画　　实操视频

任务十一 车辆灯光的检查与调整

<table>
<tr><th colspan="4">车辆灯光的检查与调整任务工单</th></tr>
<tr><td>客户信息</td><td>姓名</td><td colspan="2">电话</td></tr>
<tr><td rowspan="2">车辆信息</td><td>车型</td><td>VIN</td><td>行驶里程</td></tr>
<tr><td></td><td></td><td></td></tr>
<tr><td>保养项目</td><td colspan="3">5 000 km首次保养 □　　每10 000 km或2年保养□
每20 000 km或2年保养 □　　每60 000 km或4年保养□
其他项目：
____
____
______________________________</td></tr>
<tr><th colspan="2">车辆外观检查</th><th colspan="2">车辆内部检查</th></tr>
<tr><td>凹凸 □
划痕 □
石击 □
油漆 □</td><td>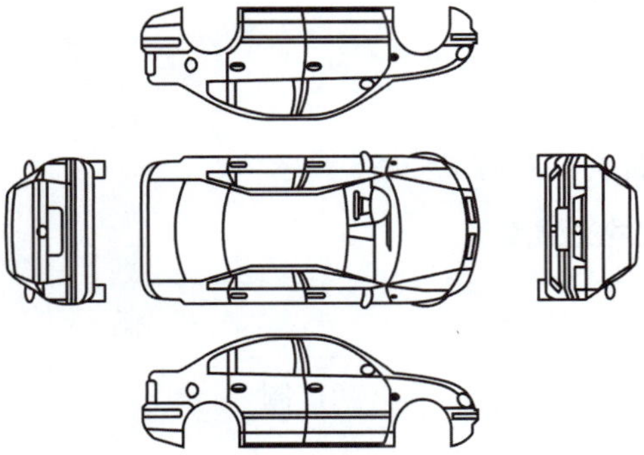</td><td>污渍 □
破损 □
色斑 □
变形 □</td><td>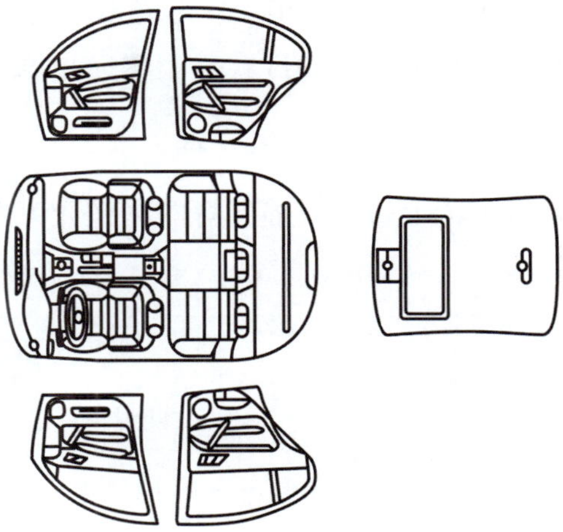</td></tr>
<tr><td>明确具体工作任务</td><td colspan="3">______________________________
____
______________________________</td></tr>
</table>

任务目标

- 能够使用灯光检测仪对车辆灯光进行检查
- 能够根据灯光检测仪的检查结果对灯光进行调整

任务内容

- 车辆前照灯灯光的使用要求
- 灯光检测仪的使用方法
- 车辆前照灯灯光的调整方法

任务重点

- 车辆前照灯灯光的检查方法
- 车辆前照灯灯光的调整方法

一、知识讲解

（一）灯光照射位置与亮度的检查和调整要求

灯光的照射位置和亮度对车辆夜间行车安全有很大的影响，因此车辆保养时，应对车辆前照灯的照射位置与亮度进行检查和调整。

1. 前照灯的照射位置要求

近光灯照射到10 m外的屏幕上，其光束明暗中心距离地面高度应为0.6 H~0.8 H（H为前照灯基准中心高度），水平方向左右偏移量不得超过100 mm。远光灯照射到屏幕上，其光束的中心距离地面高度为0.85 H ~ 0.90 H，其水平方向左侧车灯向左偏移不得超过100 mm，向右偏移不得超过170 mm；右侧车灯向左、向右偏移都不能超过170 mm。

车辆灯光若采用远/近光双灯丝或光束的前照灯，在检查与调整时以调整近光灯为主。对于只能调整远光单光束的灯，只调整远光单光束。

2. 前照灯的亮度要求

车辆上每一只前照灯的远光光束发光强度应达到表11-1中的强度要求。

表 11–1　前照灯的远光光束发光强度　cd

车辆类型	新注册车辆		在用车辆	
	两灯制	四灯制	两灯制	四灯制
汽车、无轨电车	15 000	12 000	12 000	10 000

（二）灯光检测仪的使用方法与前照灯检测过程中的注意事项

1. 灯光检测仪的使用方法

（1）将被检测车辆停放至灯光检测仪前方规定的位置。

（2）将灯光检测仪调至水平并根据被检测灯光进行定位。

（3）对被检测灯光进行检测。

（4）根据检测结果，按设备要求对车辆灯光进行调整。

（5）将灯光检测仪平移至另一侧车灯位置，重复上述检测步骤。

2. 前照灯检测过程中的注意事项

（1）检测前，应保证车辆处于空载状态，且车轮的轮胎气压正常，停放在水平地面上。

（2）检测过程中，应拉紧驻车制动器并踩下制动踏板，保证被检测车辆与灯光检测仪的相对位置不变。

（3）对于手动式无轨道灯光检测仪，检测前应对其进行水平校正，且在检测过程中不能将其移动或晃动。

（三）前照灯偏移量的调整方法

车辆的前照灯偏移量可以通过转动前照灯后方的调节旋钮来进行调整，可用手或工具转动调节旋钮来对前照灯的左右或上下偏移量进行调整，如图 11-1 所示。

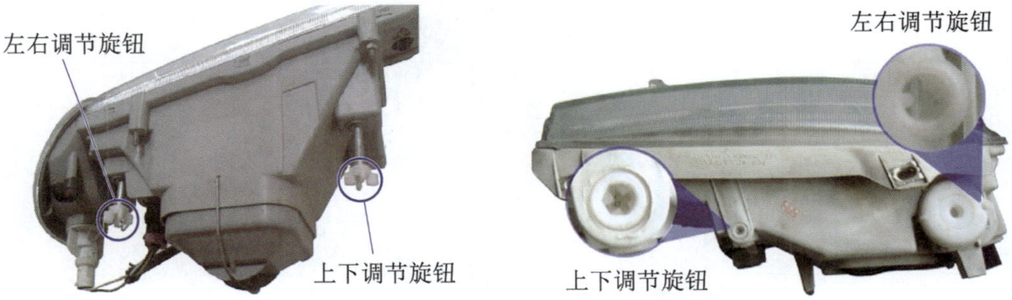

图 11-1　车辆前照灯调节旋钮

二、任务准备

在下列图片中勾选出完成本任务所需的工具、设备、资料等。

			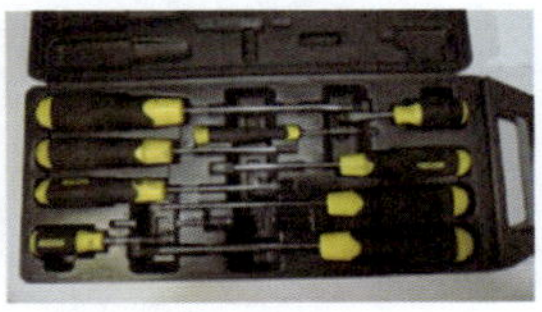
灯光检测仪	工具车	常用工具套装	旋具套装

三、防护措施

1. 进入车间应穿工鞋，戴工帽；工作服应整洁，无破损；操作时不可佩戴手表等金属饰品，以防划伤车辆表面。

2. 在使用手动式无轨道灯光检测仪检测前，应保证车辆两前照灯与灯光检测仪的相对位置处于平行状态。

3. 检测灯光前一定要对灯光检测仪进行水平校正，将设备移动到另一侧车灯位置后要重新进行水平校正。

四、任务分配（表 11-2）

表 11-2　　任务分配

职务	组号	成员	姓名	工作内容
组长	1	技师A		
组员		技师B		
	2	技师C		
		技师D		
	3	技师E		
		技师F		

五、任务实施

（一）操作流程

仔细阅读操作项目及内容，然后根据操作内容为小组成员分工（表11-3）。

表 11-3　　车辆灯光检查步骤及分工

操作人员	操作项目	操作内容
	车辆入位并调整灯光检测仪	（1）调整灯光检测仪下部车轮及中部螺栓，对灯光检测仪进行水平校正 （2）将车辆按照标线驶入检测位置，使灯光检测仪的光接收箱镜面与被检测车辆的纵向中心线垂直（在汽车纵向中心线上找2个参考点，打开并旋转立柱上的激光瞄准仪，使激光落在2个参考点上即可） （3）将灯光检测仪对准需要检测的前照灯，按下灯光检测仪后部的激光器按钮，将光接收箱镜面两侧的激光对准灯罩，两束激光光斑距离小于3 cm，且光斑中心点位于灯罩中心时即可，此时的检测距离为（50 ± 5）cm。若检测距离不合适，可前后移动车辆进行调整 （4）将灯光检测仪车轮锁死

续表

操作人员	操作项目	操作内容
	对前照灯进行检测及调整	（1）按住开机键3 s，打开灯光检测仪，灯光检测仪屏幕上显示初始字样 （2）按方向键选择功能，选择检测远光，按住确认键3 s启动该功能 （3）打开远光灯，开始检测。按照提示调整反光板位置，屏幕上显示该远光灯位置状况及发光强度。两灯制发光强度应不低于12 000 cd，四灯制发光强度应不低于10 000 cd，若发光强度不够，则应更换灯泡 （4）按方向键选择调整远光，按住确认键3 s启动该功能 （5）将反光板调整至初始位置，并根据屏幕提示调整远光灯 （6）选择检测近光灯，并按以上步骤进行检测及调整 （7）调整结束关闭车灯，按退出键至屏幕初始字样，按住关机键，再按确认键关闭灯光检测仪
	整理	（1）将灯光检测仪复位 （2）将车辆驶离工位

（二）实施记录

结合实施过程，对照表11-4中的检查项目，填写检查结果。

表 11-4 车辆灯光检查实施记录

车辆型号			行驶里程	
前照灯类型		两灯制 □	四灯制 □	
发光强度	项目	标准发光强度	左前实际发光强度	右前实际发光强度
	远光灯			
	近光灯			
灯光调整	项目	最大偏移量	左前实际偏移量	右前实际偏移量
	远光灯			
	近光灯			

六、检查

（一）自检

结合本组任务操作过程，对任务执行过程中的操作规范性进行检查，检查是否存在以下问题，分析、讨论应如何避免并总结规范的规操作方法（表11-5）。

表 11-5　自检

检查项目	检查结果
灯光检测仪是否处于水平位置	是 □　否 □
检测另一侧车灯灯光时，是否对灯光检测仪水平位置做了重新调整	是 □　否 □
灯光照射位置调整结果是否合格	是 □　否 □
检查结果是否填写完整	是 □　否 □

（二）互检

小组之间进行任务操作过程及结果检查，并将检查结果填写在表11-6中。

表 11-6　互检

检查项目	检查结果
灯光检测仪是否处于水平位置	是 □　否 □
检测另一侧车灯灯光时，是否对灯光检测仪水平位置做了重新调整	是 □　否 □
灯光照射位置调整结果是否合格	是 □　否 □
检查结果是否填写完整	是 □　否 □

七、课堂小结

微课动画　实操视频

任务十二 保养质量检查

保养质量检查任务工单			
客户信息	姓名	电话	
车辆信息	车型	VIN	行驶里程
保养项目	5 000 km首次保养 □ 每20 000 km或2年保养 □ 其他项目：	每10 000 km或2年保养□ 每60 000 km或4年保养□	

车辆外观检查		车辆内部检查	
凹凸 □	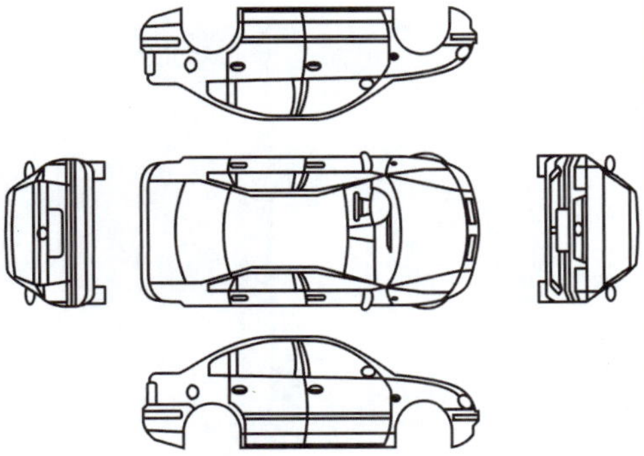	污渍 □	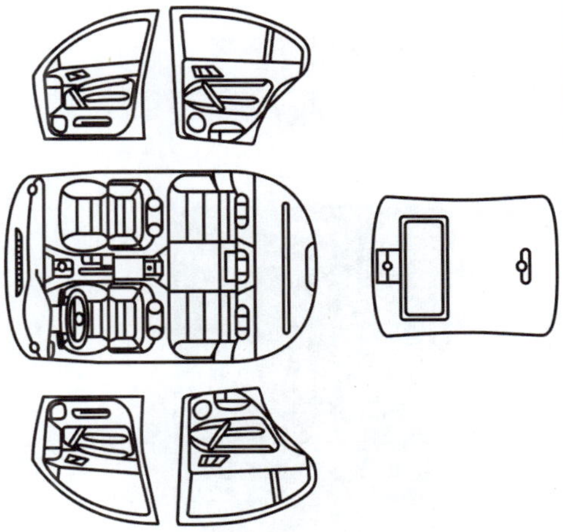
划痕 □		破损 □	
石击 □		色斑 □	
油漆 □		变形 □	

明确具体工作任务	

任务目标

- 能够根据保养质量检查任务工单完成自检
- 能够配合质检员完成保养质量检查
- 能够对保养质量检查结果做出评价

任务内容

- 保养完毕后的质量检查
- 质检员质量检查

任务重点

- 保养完毕后的质量检查

一、任务准备

在下列图片中勾选出完成本任务所需的工具、设备、资料等。

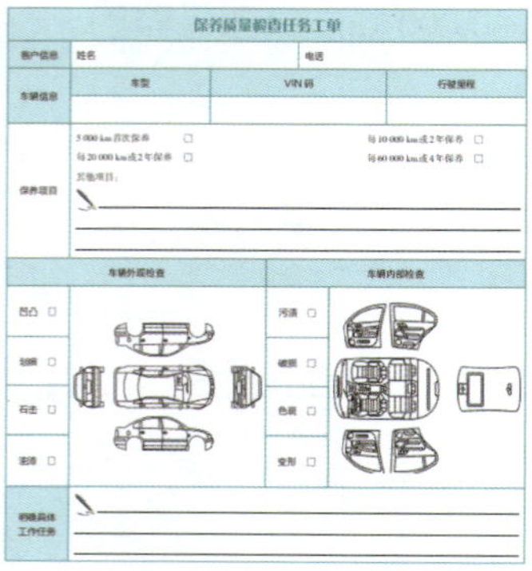	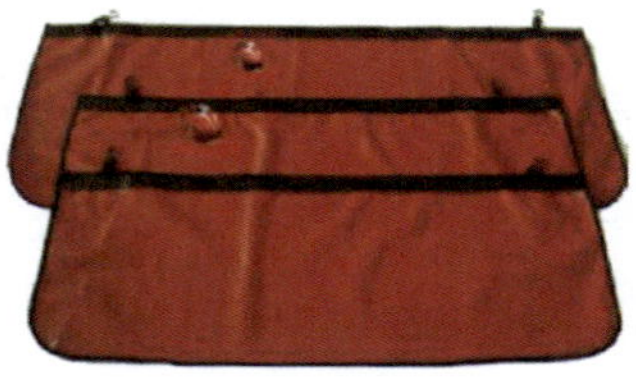	
车辆检查信息表	三件套	碳素笔
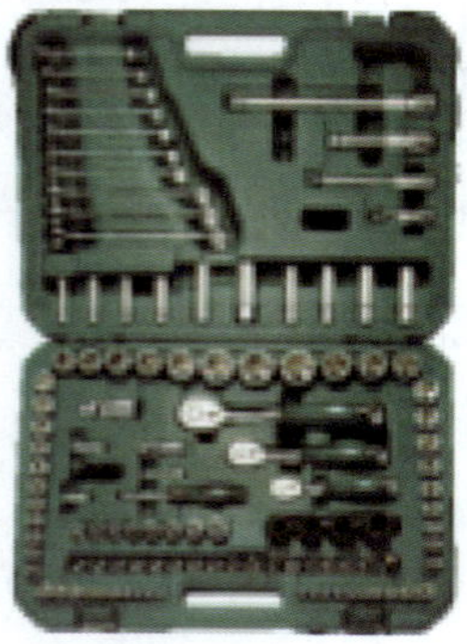	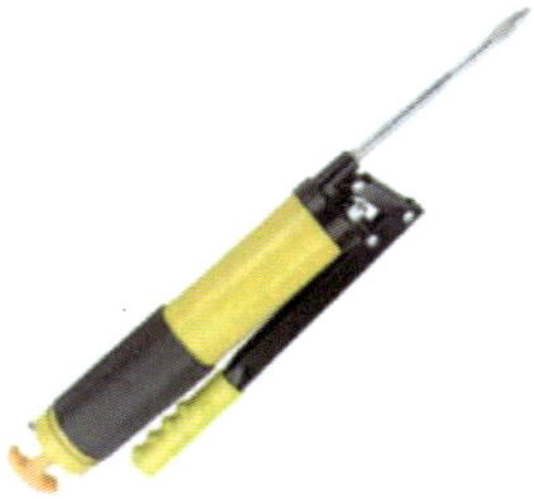	
常用工具套装	黄油枪	举升机

	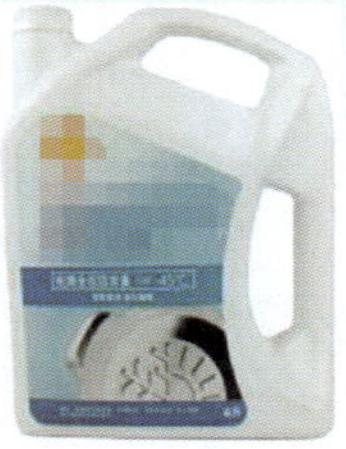	
实训车辆	冷却液	玻璃清洗液

二、防护措施

1. 进入车间应穿工鞋，戴工帽；工作服应整洁，无破损；操作时不可佩戴手表等金属饰品，以防划伤车辆表面。

2. 使用举升机时，应遵守操作规范并注意人身安全。

三、任务分配（表 12–1）

表 12–1　　任务分配

职务	组号	成员	姓名	工作内容
组长	1	技师A		
组员		技师B		
	2	技师C		
		技师D		
	3	技师E		
		技师F		

四、任务实施

（一）操作流程

根据任务分配，将表 12-2 中的检查项目与检查内容进行连线匹配。

表 12-2　　维修质量检查项目及内容

检查项目	连线匹配	检查内容
维修工单的检查		维修工单填写是否正确，有无遗漏项目
维修工单的填写		汽车工作性能和安全性
维修工作的质量		车辆维修保养项目是否全部完成
车辆试车		车辆部件各种液面高度是否正常，车辆清洁程度是否良好

（二）实施记录

结合实施过程，对照表12-3、表12-4中的检查项目，填写检查结果

表 12-3　　维修质检工单

序号	检查项目	检查结果	备注
1	维修工单上的所有工作项目是否全部完成	是 □　　否 □	
2	维修工单上的维修内容是否填写完整、清楚	是 □　　否 □	
3	诊断报告、领料单、加项单、试车单是否齐全、完整	是 □　　否 □	
4	车辆照明灯、转向灯、制动灯、倒车灯、雾灯、喇叭是否正常	是 □　　否 □	
5	转向系统是否正常	是 □　　否 □	
6	车轮固定件（包括轮胎螺栓的力矩）、胎压、车轮、轮毂外形、轮胎花纹深度及磨损是否正常	是 □　　否 □	
7	玻璃清洗液喷出量 、喷水位置 、刮水片是否正常	是 □　　否 □	
8	固定螺栓的紧固力矩是否达到保养手册的要求	是 □　　否 □	

表 12-4　交车质检工单

序号	检查项目	检查内容	参考值	完工检查
1	车身内外照明电器、仪表显示	使用情况	各电器及仪表应工作正常	
2	安全气囊、安全带	外表是否受损，安全带功能是否正常	无损坏，使用功能正常	
3	驻车制动器	功能是否正常并符合要求	拉起驻车制动器，响4声后车轮制动	

续表

序号	检查项目	检查内容	参考值	完工检查
4	刮水片和风窗清洗装置	功能是否正常	刮水片和风窗清洗装置功能正常	
5	发动机舱内各管路和接头	各管路和接头是否干涉、磨损、泄漏、脱落	各管路和接头无干涉、磨损、泄漏、脱落	
6	机油	机油液位	2/3~1/1	
7	冷却液	冷却液液位	2/3~1/1	
8	蓄电池	蓄电池电压	11~12.5 V	
9	制动片	制动片厚度	极限厚度为 7 mm	
10	轮胎（包括备胎）	轮胎磨损情况和轮胎气压，必要时对轮胎气压进行校正	轮胎花纹深度为 2.5~3.5 mm 轮胎气压为 220 ~ 240 kPa	
11	车轮固定螺栓	紧固力矩	120 N·m	
12	车辆清洗	车辆外部清洗，内部吸尘	车辆干净、整洁	

维修技师签名		质检员签名		服务顾问签名	

以上检测结果，服务顾问已与您进行沟通，您对车辆状况已十分了解。

客户签字：

日　　期：

五、检查

（一）自检

结合本组任务操作过程，对任务执行过程中的操作规范性进行检查，检查是否存在以下问题，分析、讨论应如何避免并总结规范的操作方法（表 12-5）。

表 12-5　　自检

检查项目	检查结果
车辆停放位置是否合适，是否已将变速器置于空挡并拉紧驻车制动器	是 □　　否 □
是否使用三件套对车辆进行防护	是 □　　否 □
维修工单上的所有工作项目是否已全部完成	是 □　　否 □
维修工单上的维修内容是否填写完整、清楚	是 □　　否 □

续表

检查项目	检查结果	
发动机冷却液、制动液、玻璃清洗液液位是否正常	是 □	否 □
发动机舱内各管路和接头是否良好	是 □	否 □
车身内外照明电器、仪表显示是否良好	是 □	否 □
工作场地是否清洁，车辆是否已复位	是 □	否 □

（二）互检

小组之间相互进行任务操作过程及结果检查，并把检查结果填写在表12-6中。

表 12–6　　互检

检查项目	检查结果	
车辆停放位置是否合适，是否已将变速器置于空挡并拉紧驻车制动器	是 □	否 □
是否使用三件套对车辆进行防护	是 □	否 □
维修工单上的所有工作项目是否已全部完成	是 □	否 □
维修工单上的维修内容是否填写完整、清楚	是 □	否 □
发动机冷却液、制动液、玻璃清洗液液位是否正常	是 □	否 □
发动机舱内各管路和接头是否良好	是 □	否 □
车身内外照明电器、仪表显示是否良好	是 □	否 □
工作场地是否清洁，车辆是否已复位	是 □	否 □

六、课堂小结

微课动画　　实操视频